장벽의 세계사

비판적 사고력 시리즈

장벽의 세계사

글 그레거 크레이기 그림 아르덴 테일러 옮김 최영민

아름다운사람들

장벽의 세계사

초판 1쇄 인쇄 2024년 03월 15일   초판 1쇄 발행 2024년 03월 29일

글 그레거 크레이기   그림 아르덴 테일러   옮김 최영민

펴낸이 이상순   주간 서인찬   영업지원 권은희   제작이사 이상광

펴낸곳 (주)도서출판 아름다운사람들   주소 (10881) 경기도 파주시 회동길 103
대표전화 031-8074-0082   팩스 031-955-1083   이메일 books777@naver.com   홈페이지 www.book114.kr

ISBN 978-89-6513-798-6 73900

Walls: The Long History of Human Barriers and Why We Build Them
Text copyright © Gregor Craigie 2024
Illustrations copyright © Arden Taylor 2024
Published by arrangement with Orca Book Publishers, Victoria, Canada, through
Orange Agency, Korea
Korean translation copyright © Beautiful People Publishing Co., Ltd. 2024
All rights reserved. No part of this publication may be reproduced, stored in a
retrieval system, or transmitted in any form or by any means, electronic, mechanical,
photocopying, sound recording or otherwise without the prior written permission of
Beautiful People Publishing Co., Ltd.

이 책은 오렌지 에이전시를 통해 저작권자와 독점 계약하여 (주)도서출판 아름다운사람들에서 출간하였습니다.
저작권법에 따라 한국 내에서 보호를 받는 저작물이므로 무단전재와 복제를 금합니다.

이 도서의 국립중앙도서관 출판예정도서목록(CIP)은 서지정보유통지원시스템(http://seoji.nl.go.kr)과
국가자료종합목록구축시스템(http://kolis-net.nl.go.kr)에서 이용하실 수 있습니다. (CIP제어번호 : CIP2020046116)

나의 아버지,
피터 크레이기를 추억하며

차례

들어가면서
두 줄의 노란 선 ··· 13

첫 번째
들어가려는 자, 막으려는 자 ··· 17

두 번째
거대한 감옥, 잔인한 사건 ··· 23

세 번째
농업과 목축을 위한 장벽 ··· 29

네 번째
적에 맞서는 장벽 ··· 37

다섯 번째
홍수와 동물을 막는 장벽 ··· 45

여섯 번째
전쟁과 불평등이 만든 장벽 ··· 51

일곱 번째
번화하고 부유한 도시의 장벽 ··· 59

여덟 번째
돈을 벌어주는 장벽 ··· 67

아홉 번째
땅의 경계를 정하는 장벽 ··· 73

열 번째
미래의 장벽 ··· 79

낱말 정리 ··· 84
출처 ··· 86
온라인 자료 ··· 86
감사의 말 ··· 88
작가 소개 ··· 89

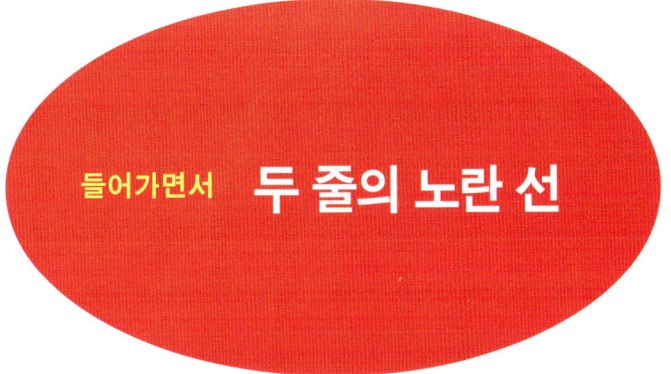

들어가면서 **두 줄의 노란 선**

버몬트 주 비비 플레인 마을 우체국의 정문을 걸어 나가서 왼쪽으로 방향을 틀면 약 15미터 떨어진 곳에 캐누사 거리라는 도로가 보여요. 이 도로의 남쪽에 서서 북쪽을 바라보면 미국의 이웃 나라인 캐나다를 바라보는 셈이 되죠. 두 나라를 분리하는 건 도로 한가운데 칠해진 두 줄의 노란 선뿐이랍니다. 물론 옆에는 퀘벡주 스탠스테드 마을로 가는 운전자들이 국경 경비 대원에게 검문을 받는 국경 교차점이 있어요. 하지만 두 나라 사이에는 거대한 콘크리트 장벽이 없어요. 철망 울타리도 없고, 가시 철책도 없죠. 노란 선이 두 줄 그어진 도로만 있어요.

세계의 많은 국경이 이렇게 생겼어요. 땅 위에 서 있는 사람에게 보이지 않거나, 보기 어렵게 되어 있죠. 하지만 멕시코와 맞닿은 미국 남쪽 국경의 많은 부분에는 이제 양쪽을 분리하는 장벽이나 울타리가 설치돼 있어요. 미국만 그런 게 아니에요. 방글라데시, 불가리아, 그 너머 세계 곳곳에서, 국경에 울타리와 장벽을 세우는 나라가 늘고 있어요. 인간이 세운 장벽은 아름다운 야생 지형을 수천 킬로미터씩 가로질러 뻗어 나갈 수 있어요. 이 중 많은 장벽은 비교적 새로 지어진 것이에요. 하지만 우리를 남과 분리하고자 하는 욕구는 인류 자체만큼이나 오래됐어요.

반대편

장벽은 다양한 이유로 세워졌어요. 두 가지만 이야기해 볼게요. 작물과 가축을 보호하려고, 그리고 납세자로부터 돈 걷는 일을 더 쉽게 하기 위함이었죠. 하지만 대부분의 거대한 장벽은 안에 있는 사람을 안전하게 보호하고 위험해 보이는 바깥사람들이 안으로 못 들어오게 하려고 세웠어요. 몇몇 장벽은 효과가 있었죠. 앞으로 세워질 장벽은 그것을 만든 사람들이 더 안전하다고 느끼게 해줄 수 있어요. 하지만 반대편에 있는 사람들은 어떻게 되는 걸까요? 우리는 사람들이 왜 장벽을 만드는지 살펴볼 때 반대편 사람들을 생각해야만 해요. 그 사람들이 애초에 국경을 가로지르고 장벽을 넘고자 하는 이유에 대해 생각해 봐야 하죠. 인류가 이주하는 이유, 한 나라에서 다른 나라로 이동하는 사람을 연구하는 전문가들은 두 가지 커다란 요인으로 불평등과 기후 변화의 영향을 꼽아요. 세계가 계속해서 장벽을 세우지만, 우리는 맨 처음에 사람들을 이동하게 만들었던 원인을 잊지 말아야 해요.

더비 라인의 버몬트 마을에 나란히 세워진 미국과 캐나다의 도로 표지판이에요. 세계의 여러 국경에 장벽이 세워졌지만, 이 두 나라 사이에는 그런 장벽이 없어요. 표지판 뒤에 있는 집은 미국 땅에 있는 집이에요. 이 집을 지나치면 캐나다에 있는 세관 검사 건물이 나와요.
에리카 J. 미첼/Shutterstock.com

첫 번째
들어가려는 자, 막으려는 자

최근 몇 년간 아르헨티나부터 우즈베키스탄을 비롯한 다양한 국가에서는 다른 나라 사람들을 안으로 들어오지 못하게 하려고 국경에 새로운 장벽을 쌓느라 난리였어요. 하지만 처음 벌어진 일은 아니었죠. 지난 수천 년 동안 전 세계의 국가와 왕국에서는 장벽을 쌓아왔어요.

오늘날의 만리장성

중국의 만리장성은 유네스코 세계 문화 유산 보호 지역이에요. 인류 역사상 가장 거대한 건축물 중 하나로 꼽히죠. 관광객들은 만리장성에 관심이 많아요. 이 장벽을 가까이에서 살펴보거나, 따라 걸어보고 싶어 하죠. 모전욕장성이라는 구역은 관광객에게 개방된 구역 중에서 가장 길이가 길어요. 이 장벽과 23개의 망루를 복원한 작업 덕분에 '복원의 걸작'이라고 불려왔답니다. 베이징 근처에 있는 팔달령장성은 1950년대 중국으로 관광객을 끌어들이기 위해 다시 세워졌어요. 일부 구역은 휠체어를 탄 사람도 이용할 수 있게 지었어요. 만리장성의 다른 구역은 더 험하고 가팔라서, 장성을 따라 올라가거나 산책하는 사람들에게 위험할 수 있어요.

만리장성

- 건축 시기: 기원전 700년~1644년
- 길이: 21,196km
- 높이: 평균 6m, 일부 구역은 최대 14m
- 재료: 굳힌 흙, 돌, 나무, 벽돌

세계에서 가장 유명한 장벽은 아마 중국의 만리장성일 거예요. 이름은 만리장성이지만, 실제로는 고대 중국의 북부 국경을 가로질러 연속으로 연결된 방어 시설이랍니다. 유목민들이 중국 땅으로 들어오지 못하게 막으려고 만들었어요. 일부 초창기 구역은 기원전 7세기에 지어졌고, 이후 중국 첫 황제인 진시황이 새 구역을 더 쌓았어요. 어마어마한 작업이었죠. 몽염이라는 장군이 이 프로젝트의 책임자로 임명됐어요. 몽염 장군은 엄청난 인원의 군사를 데려와서 만리장성을 짓게 했어요. 아마 죄수들도 데려왔을 거예요. 작업 환경은 매우 나빴고, 수천 명의 사람이 만리장성을 세우다가 목숨을 잃고 말았죠. 몇 명은 만리장성 안에 묻히기도 했어요. 1368년에서 1644년 사이에 가장 유명한 구역을 건설한 명나라가 장성의 대부분 구역을 교체했답니다.

중국의 만리장성은 산속과 산 너머로 뻗어 나가요. 장성의 망루가 잘 보이네요. 만리장성을 따라 총 25,000개에 달하는 망루가 지어졌어요.

거대한 괴수를 막는 장벽

말을 타고 달리는 군사를 멈춰 세울 만큼 단단했던 장벽

만리장성의 장벽은 말을 탄 유목민 군대가 왕국으로 쳐들어오지 못하게 막을 만큼 높고 두꺼웠어요. 만리장성에는 중국인 군사들이 머무를 막사와 앞을 잘 내다볼 수 있는 망루도 있었어요.

방어벽으로서 만리장성은 복합적인 결과를 가져왔어요. 침략에 나선 유목민을 들어오지 못하게 했다는 장점이 있었죠. 하지만 칭기즈칸과 몽골 군대가 수차례 장벽을 뚫었고 이로 인해 중국을 정복하고, 금왕조를 물리칠 수 있었어요. 몽골 제국은 중국을 한 세기 정도 통치했던 원왕조를 세웠어요. 그 후 명왕조가 세력을 잡았고 만리장성을 활용하여 나라를 안전하게 보호했어요. 명왕조는 장성을 더 길고 단단하게 만들었을 뿐 아니라, 수도인 베이징을 더 강력히 보호하려고 북부와 남부로 나누었어요. 이 두 장벽은 내벽과 외벽이라고 불리기도 해요.

만리장성은 다른 역할도 했어요. 아시아, 중동과 유럽을 가로지르는 유명한 실크로드의 상인들이 지나다니는 통로였죠. 만리장성은 중국의 통치자들이 왕국 안팎으로 드나드는 물건을 통제하고 그걸로 세금을 걷을 수 있게 해주었어요.

우크라이나의 고대 장벽

유럽 사람들은 2,000년 전부터 장벽을 지었어요. 지금은 우크라이나가 된 비옥한 평원에 농부들은 자신이 키우는 작물과 가축을 보호하고, 떠도는 침략자들이 들어오지 못하게 하려고 긴 장벽을 세웠어요. 장벽은 효과가 있었죠. 그들의 농업 공동체는 왕국으로 자라났어요. 처음 세운 장벽은 흙으로 만들었어요. 평평한 지대를 가로질러 긴 직선으로 쌓아 올렸죠. 우크라이나에는 약 1,000킬로미터의 장벽이 남아있지만, 한때 그곳에 지금 길이의 다섯 배에 달하는 장벽이 있었다는 말도 있답니다. 긴 도랑을 파고 그 도랑을 따라 흙을 쌓아서 사람 키의 두 배가 되는 장벽을 만들었죠. 간단한 해결책이었지만, 분명히 이 장벽은 말을 타고 유목 생활을 하는 사람의 길을 가로막았을 거예요. 역사학자들은 누가 이 장벽을 세웠는지 정확히 알아내지 못했어요. 스키타이족이었을 수도 있고, 고트족이나 초기 동슬라브족이었을지도 몰라요. 세 민족이 수백 년간 장벽의 서로 다른 구역을 쌓았을 가능성도 있어요.

우크라이나 민속 전설에는 코즈모데미안(또는 보리소립)이라 불리는 신화적 영웅의 이야기가 있어요. 그는 거대하고 무시무시한 뱀 같은 괴수 혹은 용 같은 괴수를 잡으려고 괴수의 몸에 쟁기를 달았죠. 전설에 따르면 무시무시한 괴수는 쟁기로 땅 수백 킬로미터를 파고 지나갔대요. 물론 그 괴수는 영웅의 손에 죽었죠. 그때 쟁기가 파고 지나간 고랑이 양쪽에 흙더미를 남기면서 장벽을 만들었다고 해요. 지금도 많은 우크라이나인이 이 장벽을 뱀의 장벽, 또는 용의 장벽이라고 불러요.

이웃 나라인 루마니아와 몰도바에는 물이 차서 해자를 이루는 도랑 옆에 비슷하게 생긴 흙벽이 있어요. 루마니아의 장벽은 2미터 높이인 돌벽이 위를 덮고 있어요. 이런 흙벽은 트라야누스의 장벽, 루마니아어로 발룰 루이 트라이안(Valul lui Traian)이라 알려져 있어요. 발라(Valla)는 방어 시설이라는 뜻의 로마어예요. 이 낱말은 장벽이 트라야누스가 황제였던 시기에 로마인이 손수 지었다는 서민의 믿음을 반영해요. 하지만 많은 역사학자는 트라야누스 장벽이라는 이름이 트로이안이라는 신화 속 영웅에서 따온 것일지도 모른다고 생각하죠.

미국-멕시코 국경 장벽

- 건축 시기: 1909년~현재
- 국경 길이: 3,145km
- 장벽 길이: 1,240km
- 국경 근처 미국 주: 4
- 국경 근처 멕시코 주: 6

"저는 남부 국경에 아주 거대한 장벽을 세우고, 멕시코가 장벽에 대한 비용을 치르게 할 것입니다." 이 말은 도널드 트럼프가 대통령이 되기 전에 미국인에게 했던 말이에요. 트럼프는 폭력 범죄와 불법 마약이 멕시코에서 들어왔다며 장벽이 이를 멈출 거라고 주장했어요. 국경 경비원이 국경 근처에서 수많은 이주자를 체포하고 불법 마약을 몰수했지만, 멕시코 관료들은 수천 개의 무기가 매년 미국에서 멕시코로 밀반입되는 등 불법적인 활동이 국경의 양방향에서 오간다는 점을 지적했죠. 트럼프가 4년 임기를 마쳤을 때도 멕시코와 미국 국경의 약 3분의 2는 물리적인 장벽을 세우지 못했어요. 미국은 국경을 따라 상대적으로 여러 구간의 짧은 장벽을 세웠지만, 대부분은 낡은 장벽을 대체하는 공사였어요. 그리고 멕시코는 돈을 내지 않았죠.

미국 정부는 지난 몇 십 년 동안 국경 일부를 따라 여러 가지 장벽을 세웠어요. 주로 불법 이민과 마약 밀수를 막기 위함이었죠. 미국 관세국경보호청은 도로가 국경을 가로지르고, 운전자들이 계속 차를 몰고 지나가려면 국경 경비원과 대화를 나누어야 하는 50개의 국경 교차점을 운영해요. 관세국경보호청은 사람들이 국경을 가로질러 걷거나 뛰지 못하게 막으려고 수 킬로미터의 울타리를 사용하기도 해요. '볼라드'라 불리는 철 기둥이 땅에 박혀있고 철책선이 연결돼 있죠. 그런 철 기둥 울타리는 높이가 9미터나 되고 사람들이 아래로 굴을 못 파게 하려고 땅속으로 1.8미터나 깊이 박혀있어요. 도로는 국경 경비원이 길이를 따라 빠르게 움직일 수 있게 짓기도 했어요. 일부 구역에는 조명, 카메라, 감시 장비와 3중 울타리가 있어요. 어느 보고서는 '이건 벽이 아니지만, 아무것도 아닌 건 아니다.'라고 평가했어요.

가족 사이를 가로막는 장벽

미국과 멕시코 사이의 장벽은 그것으로 인해 갈라진 가족에게 당연히 아무것도 아닐 수 없죠. 어떤 경우에 멕시코인 어머니들은 미국에 있는 아이들과 함께하지 못해요. 멕시코에 사는 형제, 자매, 삼촌, 이모가 미국 이민 허가를 받지 못할 수 있어요. 미국 정부가 이 사람들을 들어오지 못하게 막는 이유에는 여러 가지가 있어요. 어떤 사람은 미국에서 일할 허가를 받지 못했을 수도 있고, 또 다른 사람은 과거에 허가 없이 국경을 가로지르려다가 걸린 적이 있을 수도 있어요. 하지만 국경 울타리와 장벽은 이런 분리를 극도로 간단한 것으로 보이게 만들죠. 이것은 곤경에 처한 사람을 대하는 연민 어린 행동일까요? 아니면 마땅히 함께해야 할 사람들의 사이를 잔인하게 갈라놓는 것일까요? 장벽에 대한 수많은 질문처럼, 정답은 이 질문에 답하는 사람, 그리고 그 사람이 장벽의 어느 쪽에 서 있는지에 달려있어요.

헝가리 국경 장벽

- 건축 시기: 2015년
- 길이: 523km
- 높이: 4m
- 재료: 강철 울타리, 가시철조망

우정 공원

멕시코의 도시 티화나와 미국의 도시 샌디에이고 사이에 낀 국경에는 공원이 하나 있어요. '우정 공원'은 강철 장벽이 태평양의 철썩이는 파도까지 뻗어 나가는 국경의 서쪽 끝에 있어요. 국경 꼭대기에는 표석 하나가 있고, 수년간 국경 자체에 드리워져 있는 밧줄 말고는 아무것도 없었어요. 하지만 이제는 두 개의 단단한 국경 장벽이 있고, 주중에는 샌디에이고 국경 순찰대가 장벽 사이의 열린 공간을 닫아요. 공원은 일부 주말에 제한된 시간 동안만 열려요. 공원이 열린 날이면 양쪽에 사는 사람들이 철망 울타리를 통해 서로를 만나요. 미국에 사는 많은 사람이 그곳에서 가족들을 불법으로 만나요. 다른 사람들, 그러니까 합법적으로 미국에 살지만 제대로 된 여행 서류를 받지 않은 사람들도 이곳에 와요. 몇몇 멕시코인 조부모들은 미국인 손주를 장벽을 통해 만나요. 많은 사람이 이와 같은 방식으로 세상을 떠나기 직전의 가족에게 마지막 작별 인사를 해요.

헝가리 역시 국경을 따라 울타리를 세웠어요. 2015년에 백만 명이 넘는 난민과 이주자들이 더 나은 삶을 찾길 바라며 유럽을 향해 길을 떠났죠. 제2차 세계 대전 이후로 유럽에 가장 많은 난민이 왔어요. 시리아 내전에서 도망 온 사람들이 대부분이었지만, 아프가니스탄, 파키스탄, 이라크 등 다른 국가에서 온 사람들도 있었어요. 이주자 대부분은 영국, 독일, 스웨덴 같은 나라로 가려고 했지만, 목적지에 도착하려면 동부 유럽을 지나야 했죠. 헝가리 정부는 국경을 넘어 쏟아져 들어오는 사람들을 막으려 했어요. 그래서 2015년 여름에 허가를 받지 않은 사람들이 넘어오지 못하도록 세르비아와 맞닿은 국경을 따라 장벽을 세웠어요. 몇 개월 뒤에는 크로아티아와 맞닿은 국경에도 커다란 고리 모양의 날카로운 레이저 와이어와 가시철조망으로 장벽을 세웠어요. 장벽은 불법 이민을 거의 바로 중단시켜, 헝가리가 불법 이민을 줄이겠다는 목표를 달성하는 데 도움을 줬어요. 하지만 이 일에 대해서 유엔의 비판을 받았어요. 유엔의 반기문 전 사무총장은 이렇게 말했어요. "우리는 울타리나 장벽을 세울 것이 아니라, 근본 원인을 가장 먼저 들여다보아야 합니다."

늘어나는 장벽

최근 몇 년간 수백만 명의 사람들이 내전, 극단주의, 탄압, 두려움 때문에 고국을 떠났어요. 그리고 과학자들은 우리가 기후 위기를 막기 위해 더 많이 노력하지 않으면 기후 위기가 미래의 상황을 더 악화시킬 수 있다며 걱정하고 있어요. 가뭄, 홍수, 열파, 팬데믹, 그 외의 극단적인 사건이 더 자주 발생하면 음식, 물, 기타 자원에 대한 경쟁이 더욱 치열해질 수 있어요. 모든 나라에 사는 사람이 자유롭고 안전한 세계가 되도록 우리가 노력하지 않는다면, 위기에 처한 사람이 쏟아져 들어오는 현실은 멈추지 않을 거예요. 그리고 사람들을 안으로 들어오지 못하게 막는 장벽을 더 많이 세우고자 하는 유혹도 없어지지 않겠죠.

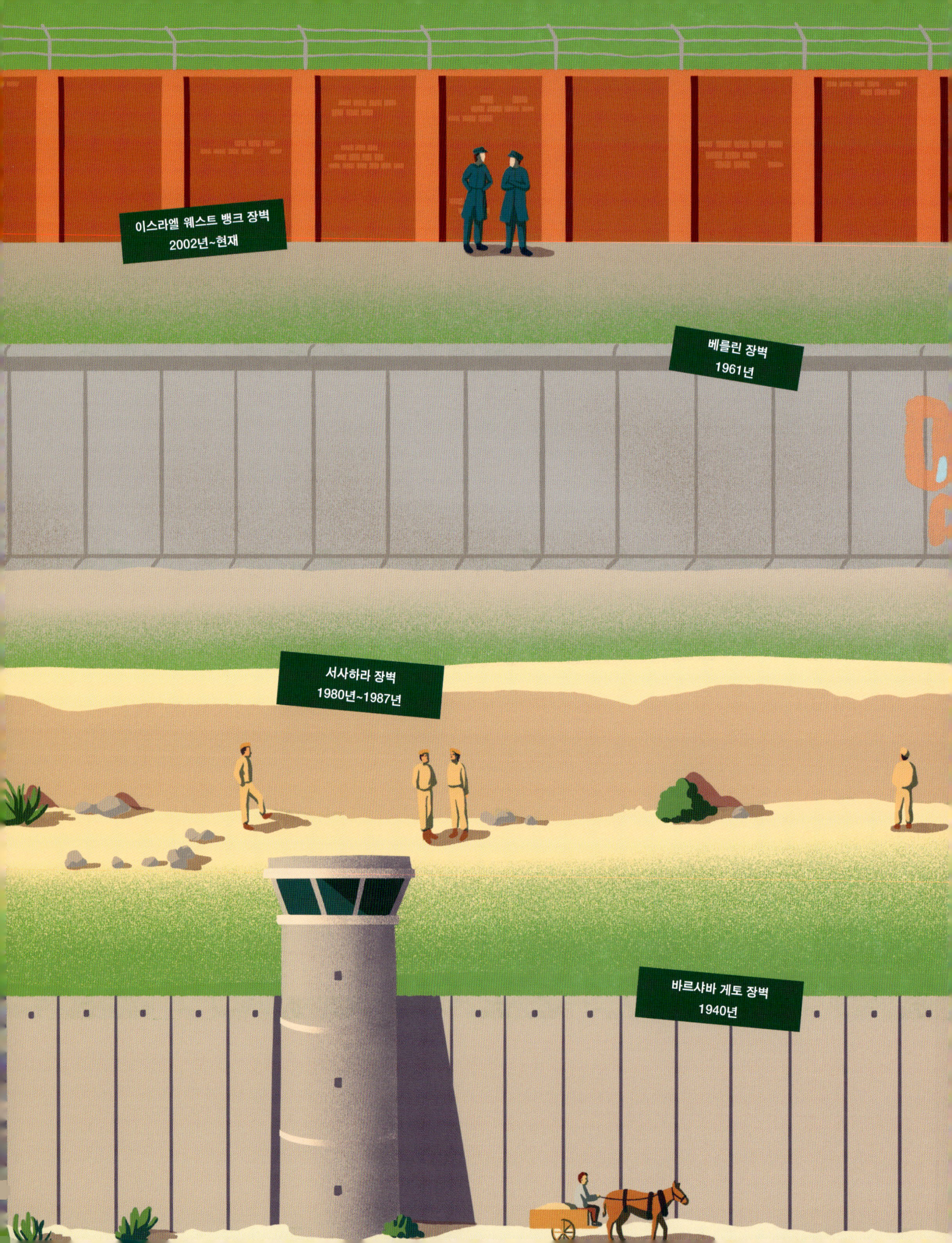

두 번째
거대한 감옥, 잔인한 사건

어떤 장벽은 사람들이 안으로 들어오지 못하게 막으려고 지어졌지만, 또 어떤 장벽은 사람들이 밖으로 나가지 못하게 막으려는 목적으로 세워진 것도 있어요. 그런 장벽은 억지로 사람을 안에 가둬놓고 사실상 이탈을 불가능하게 만드는 거대한 감옥 역할을 하죠. 그런 장벽 때문에 역사상 가장 잔인한 사건이 몇 건 일어났어요.

아프리카와 유럽을 분리하는 울타리

지중해는 아프리카와 유럽을 두 개의 개별 대륙으로 분리해요. 하지만 유럽 연합이 자기 것이라고 주장하는 땅이 아프리카와 국경을 맞대고 있는 두 가지 예외가 있어요. 세우타와 멜리야는 유럽 연합 회원국인 스페인이 관리하는 자치 도시예요. 두 도시는 모로코의 해안에 자리하기 때문에 아프리카 국가와 육상 국경을 맞대고 있어요. 유럽과 아프리카 국가 사이에 놓인 이 두 육상 국경에는 보안 울타리가 세워져 있어요. 2005년에 스페인은 국경을 불법으로 가로지르는 사람을 막고 밀수를 멈추려고 이중 울타리를 쳤어요. 각 국경에는 6미터 높이의 장벽이 두 개씩 있어요. 장벽 위에 가시철사, 그리고 가시철사보다 더 날카로운 레이저 와이어를 둘러놨답니다. 울타리는 수많은 아프리카 사람을 넘어오지 못하게 막았지만, 유럽에서 더 나은 삶을 만들려는 마음이 너무 간절해서 울타리와 레이저 와이어를 타고 넘어온 사람도 있어요. 이 과정에서 많은 사람이 다쳤고, 일부는 병원에 실려 가기도 했어요. 최소한 한 명이 부상으로 사망했다고 알려지기도 했죠. 몇몇 스페인 정치인은 장벽을 없애겠다고 약속했어요. 하지만 2023년 현재 아프리카와 유럽 지역 사이의 장벽은 아직 그대로 있답니다.

바르샤바 게토 장벽

- 건축 시기: 1940년
- 길이: 18km
- 높이: 철사 포함 총 4m
- 재료: 가시철사를 덮은 벽돌

제2차 세계 대전 이전에 폴란드는 유대인 수백만 명의 보금자리였어요. 수도인 바르샤바는 유대인 문화의 중심지였고, 인구의 거의 3분의 1이 유대인이었죠. 아돌프 히틀러가 이끌었던 나치는 독일을 지배했고, 유대인을 싫어했어요. 나치가 폴란드를 점령했을 때, 그들은 바르샤바의 유대인에게 나중에 바르샤바 게토라고 알려진 도시로 이동하라고 명령했어요. 나치는 게토를 처음에 가시철사로 둘러싼 다음 벽돌 장벽을 쌓고 그 위를 다시 가시철사로 덮었어요. 이렇게 하니까 장벽 높이는 총 4미터가 됐어요. 근처 마을에 사는 유대인도 장벽 안으로 강제로 들어가야 했고, 인구는 40만 명 넘게 불어났어요. 게토는 너무 비좁아져서 일곱 명 이상이 한 방에 들어갔어요.

게토 안 상태는 끔찍했어요. 음식이나 약품이 부족했던 탓에 8만 명이 넘는 사람이 첫 2년 동안 굶주림이나 질병으로 세상을 떠났어요. 그 후 나치는 수천 명의 유대인을 강제 수용소라는 곳으로 보내서 죽게 했어요. 게토 안에 갇힌 사람 중 많은 이가 1943년 봉기 중에 용감하게 맞서 싸웠답니다. 하지만 바르샤바 게토 장벽은 지금껏 지어진 것 중에서 가장 잔인한 장벽에 속해요. 바르샤바가 1945년에 해방됐을 때, 그곳에 살아남은 유대인은 1만 1,500명밖에 안 됐어요.

베를린 장벽

- 건축 시기: 1961년
- 철거 시기: 1989년
- 콘크리트 장벽 길이: 106km
- 높이: 3.6m
- 재료: 속을 강철로 채우고 위를 가시철사로 덮은 콘크리트

　독일이 제2차 세계 대전에서 패배했을 때, 나치는 무너졌고 독일은 동독과 서독으로 분단이 되었어요. 공산주의 국가였던 동독은 소비에트 연방과 동맹을 맺었어요. 서독은 미국, 영국, 캐나다를 비롯한 서방 국가와 동맹을 맺었죠. 동독과 서독 사이의 국경은 대체로 시골 지역을 지나갔지만, 수도인 베를린도 나누었어요. 동독은 베를린에 보초 탑, 참호, 못이 튀어나온 바닥이 완비된 위풍당당한 콘크리트 장벽을 세웠어요. 이 장벽은 더 많은 자유를 누리고 대체로 더 부유한 삶을 사는 서독으로 동독 사람이 넘어가지 못하게 막았어요.

　하지만 약 10만 명의 동독인은 서독으로 탈출을 시도했고, 약 5천 명이 성공했어요. 100명이 넘는 사람이 탈출 시도를 하다가 목숨을 잃었죠. 서베를린의 빌리 브란트 시장은 이 장벽을 '수치의 벽'이라고 불렀어요. 동유럽에서 일어난 정치 혁명이 동독 지도자에게 베를린 장벽을 허물어야 한다는 것을 설득하기까지 28년이 걸렸어요. 많은 사람이 동유럽과 서유럽을 나눈 이 장벽을 '철의 장막'이라고 불렀는데, 장막이 드디어 걷힌 것이지요. 양쪽에 있는 사람들이 소식을 듣고 기뻐했어요. 수년 만에 친구와 가족 구성원이 장벽을 타고 올라가서 다시 만났어요. 몇몇 사람은 장벽을 조금 깎아낸 작은 콘크리트 조각을 기념품으로 가져갔어요. 장벽은 금세 허물어졌고, 동독과 서독은 다시 하나의 국가로 합쳐졌답니다.

서사하라 장벽

- 건축 시기: 1980년~1987년
- 길이: 2,700km
- 높이: 3m
- 재료: 지뢰와 함께 일렬로 묻어놓은 모래와 돌

세계에서 가장 긴 지뢰 매설 지역

서사하라 장벽에는 한 가지 치명적인 특징이 있어요. 바로 장벽의 전체 길이를 따라 표면 아래에 지뢰가 길게 한 줄로 묻혀있다는 점이에요. 세계에서 가장 긴 지뢰 매설 지역이라고 불리는데 총 수백만 개의 지뢰가 묻혀있어요. 서사하라에 사는 많은 사람이 실수로 지뢰를 밟아 목숨을 잃거나 다리를 잃었어요. 피해자 대부분은 이미 서사하라 분쟁으로 크게 고통 받은 사람들이고 이들은 장벽 양쪽에 있는 난민 캠프에서 지내요. 최근 몇 년간 사라위 난민과 국제 인권 운동가들이 모여서 장벽에 맞서 매년 '천 개의 기둥'이라는 시위를 해왔어요. 팔짱을 낀 채 인간 사슬을 만들고 장벽의 철거를 요구하는 시위예요.

서사하라는 1975년까지 스페인 식민지였던 북서부 아프리카의 분쟁 지역이에요. 스페인이 떠나자, 인근의 모로코가 사람이 별로 살지 않는 이 사막 지역을 침범했어요. 하지만 서사하라를 고향이라고 부르는 사라위 사람들은 '폴리사리오 전선'이라는 반란 조직을 구성해서 모로코 사람을 내쫓기 위한 게릴라 전쟁에 뛰어들었어요. 1980년대까지 전투가 이어지는 동안, 모로코 정부는 긴 모래 둔덕을 세웠어요. 양쪽 사이의 비공식 경계를 표시하고 '폴리사리오 전선' 반란 세력을 동쪽으로는 모리타니와 맞닿은 국경, 서쪽으로는 긴 모래 둔덕 사이 좁은 사막 구역 안에 가둬두기 위함이었죠. 둔덕은 다소 보잘것없는 모양새였고, 몇몇 여행객은 둔덕을 비웃기도 했어요. 어떤 사람은 장벽의 높이가 높지 않다는 이유로 장벽을 '서사하라의 별것 없는 장벽'이라고 불렀답니다. 하지만 이 장벽은 수천 명의 모로코 병사가 지키고 있으며, 전파 탐지 기둥과 다른 전기 감시 장치 부품으로 뒤덮여있어요.

비공식 경계

수년간의 전투 이후 사실상 서부 영토의 3분의 2와 해안 지대에 대한 통제권을 모로코에 주고, '폴리사리오 전선'에게 좁고 긴 사막 지역만 남겨준 정전협정이 체결됐어요. 2020년에 '폴리사리오 전선'은 정전협정을 끝냈죠. 거의 30년 동안 서사하라는 양쪽 사이의 비공식 경계였어요. 이 사막에 10만 명 미만의 사람이 사는 것으로 추정돼요. 그중 많은 사람이 난민 캠프에서 지내고 있죠.

작은 시위 단체가 폴리사리오 국기를 들고 그들과 조금 떨어진 곳에 있는 서사하라 장벽, 혹은 둔덕을 바라보고 있어요. 모래와 돌로 지어진 둔덕은 그것을 둘러싼 사막과 똑같은 색깔이어서 멀리서는 잘 안 보여요.
미첼 베네리세티/위키미디어 커먼스/CC BY 2.0

이스라엘 웨스트 뱅크 장벽

- 건축 시기: 2002년~현재
- 길이: 708km
- 높이: 최대 8m
- 재료: 콘크리트, 철사를 엮은 울타리와 가시철사

    2002년에 이스라엘 정부는 이스라엘 시민을 웨스트 뱅크 팔레스타인인의 공격으로부터 보호한다며 장벽을 세웠어요. 웨스트 뱅크는 1967년부터 이스라엘이 점령해온 지역이에요. 팔레스타인인들은 장벽이 수천 명의 사람을 친구나 가족과 단절시키고 광대한 범위의 비옥한 농지를 구분 짓는 인종차별적 장벽이라고 불러요. 예루살렘 같은 도시에서 장벽은 높은 콘크리트 벽이에요. 하지만 장벽 대부분은 길게 이어진 울타리, 도랑, 양쪽의 순찰차를 위한 도로이죠. 일부는 이스라엘의 본래 경계를 표시하는 녹색 선을 따라 지어졌어요. 하지만 장벽 4분의 3 이상이 웨스트 뱅크 안에 지어져, 사실상 엄청난 규모의 땅과 수천 명의 팔레스타인인을 나머지 웨스트 뱅크로부터 분리하고 있어요. 이것은 많은 사람을 직장, 학교, 병원에 가지 못하게 막아요. 장벽이 처음 지어졌을 때 이스라엘의 분리 장벽은 일시적인 것이라고 했고, 그 이후로 유엔은 계속 철거를 요구하고 있어요. 하지만 현재 장벽은 그대로 있어요.

사우디 장벽

사우디아라비아는 이스라엘보다 훨씬 크고 여러 국가와 국경을 맞대고 있어요. 2014년에 이라크에 혼란을 일으킨 내전이 터졌을 때 사우디아라비아는 도랑 장벽을 파고 감시탑이 78개나 있는 여러 겹의 울타리를 만들었어요. 900킬로미터짜리 장벽에는 전파 탐지기와 야간 투시 카메라 같은 감시 장비도 사용됐어요. 사우디아라비아 군대는 심지어 이라크에서 사우디아라비아로 몰래 들어오려는 사람의 발자국을 찾으려고 울타리와 외곽 모래 둔덕 사이에 있는 사막 모래를 빗자루로 쓸기도 해요.

사우디아라비아는 예멘과 맞닿은 남부 국경에는 더 어마어마한 장벽을 지었어요. 예멘에서는 수년간 내전이 계속되어 왔죠. 1,800킬로미터 장벽에는 속을 콘크리트로 채운 긴 강철 파이프라인이 있어요. 사우디아라비아는 3미터 높이의 장벽이 예멘의 후티 반란 무장 세력의 공격을 막아 줄 거라고 말했어요. 사우디아라비아는 석유가 풍부한 부자 국가이지만, 예멘은 매우 가난해요. 그리고 전쟁은 끔찍한 피해를 안겨주었죠. 수만 명의 민간인이 목숨을 잃었고 수백만 명이 굶주리고 있어요. 사우디아라비아에 친구나 가족이 있는 예멘 사람도 많아요. 하지만 그들의 도움을 받는 건 장벽 때문에 거의 불가능해요.

세 번째
농업과 목축을 위한 장벽

사람을 보호하려고 지은 장벽이 대부분이지만, 지역 사회가 식량을 재배할 수 있도록 보호하려는 특별한 목적을 위해 지은 장벽도 있어요. 장벽은 쳐들어오는 군대로부터 농부와 농지를 안전하게 보호하고, 장벽에 둘러싸인 지역 사회가 먹을 식량을 재배할 수 있도록 땅을 지켜주기도 했어요.

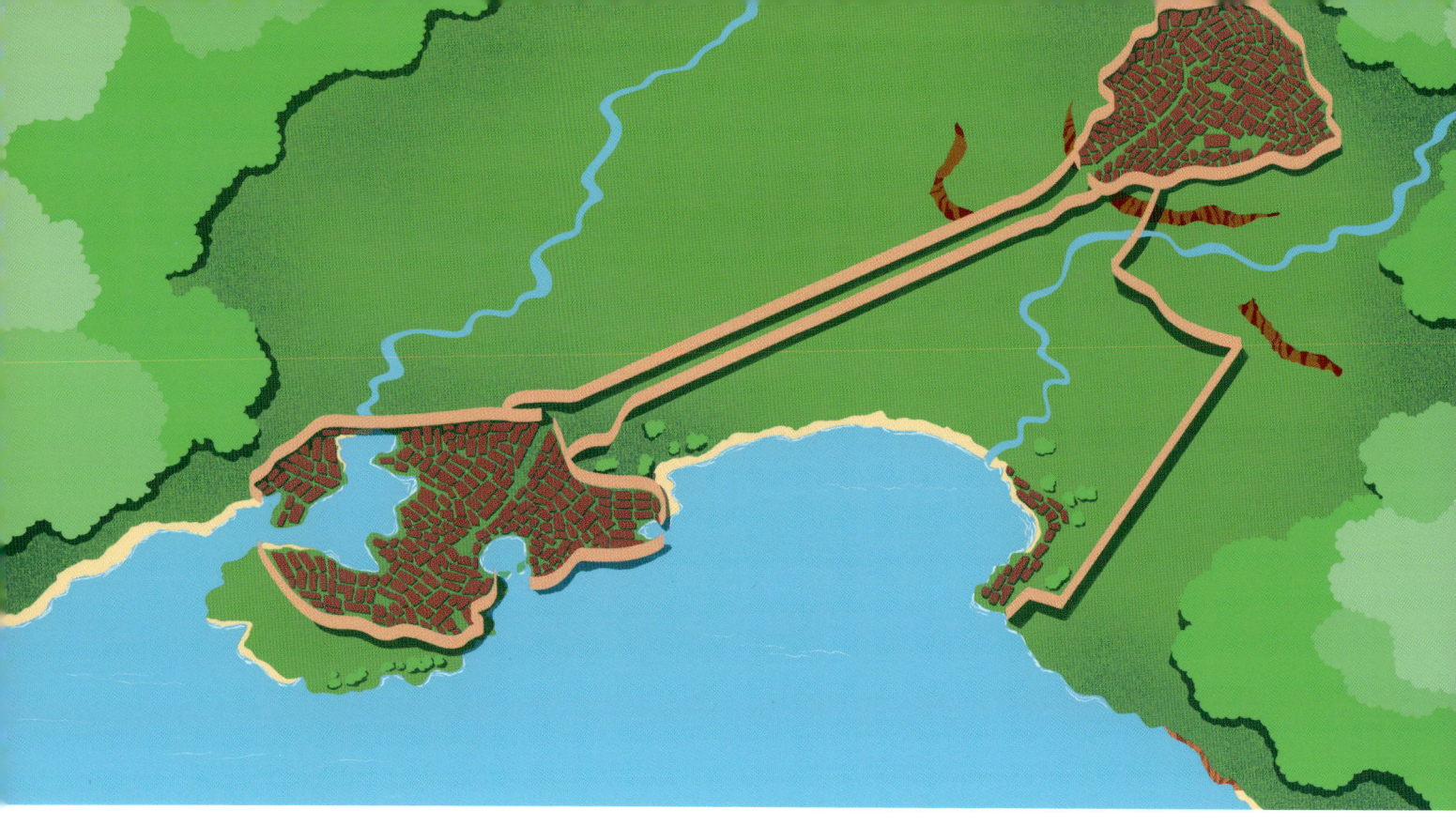

아테네의 긴 장벽

- 건축 시기: 기원전 461년~457년
- 길이: 각 7km 정도
- 높이: 최대 약 10m
- 재료: 햇볕에 말려 석회암 블록 위에 얹은 벽돌

고대 그리스의 도시 아테네는 에게해에서 약 8킬로미터 떨어진 구릉지에 세워졌어요. 이처럼 인상적인 도시와 강력한 해군을 가진 아테네인은 비옥한 농지에서 식량을 재배했어요. 그러나 기원전 5세기 아테네인은 그리스와 페르시아 사이에 벌어진 그리스-페르시아 전쟁 중에 농지가 심각한 약점이라는 것을 깨달았어요. 페르시아 제국의 군대가 농지를 빼앗는 일이 상대적으로 쉬웠기 때문이죠.

기원전 480년 페르시아의 크세르크세스 왕이 아테네를 공격했을 때, 그리스의 테미스토클레스 장군은 아테네부터 해안까지 이어지는 두 개의 방호벽을 제안했어요. 도시와 도시의 항구 사이에 삼각형 땅을 만들 생각이었던 거예요. 장벽을 짓기 시작한 건 기원전 461년이었어요. 아테네가 또 다른 그리스 도시 국가인 스파르타와 전쟁을 치르고 있을 때였죠. 스파르타인은 아테네보다 강력한 군대가 있었지만, 해군은 아테네가 더 셌죠. 서부 장벽은 아테네 남서부부터 피레에푸스 항구까지 지어졌어요. 동부 장벽은 또 다른 항구인 팔레론까지 이어졌고, 서부 장벽보다 살짝 짧았어요. 두 장벽은 도시를 바다까지 연결했고 중간에 식량을 재배할 농지 보호 구역을 형성하기도 했어요.

여기 스파르타의 장벽이 있다.

아테네는 적의 침략에 대비해 스스로를 방어하려고 장벽을 세웠지만, 아테네의 라이벌인 스파르타는 장벽을 비웃었어요. 스파르타인은 장벽을 짓는 대신 군사를 훈련하는 데 많은 시간과 노력을 투자했죠. 스파르타 소년들은 어릴 때부터 가족과 떨어져 군대 막사로 보내졌어요. 막사에서 군사 훈련을 받고 스파르타를 위해 싸우는 방법을 배웠죠. 아테네나 다른 도시처럼 강한 돌 장벽을 짓지 않은 이유에 대한 질문을 받았을 때, 스파르타의 왕 아게실라우스 2세는 자기 근처에 서 있는 무시무시한 전사를 가리키면서 "여기 스파르타의 장벽이 있다."라고 말했어요.

추가적인 보호

아테네인은 추가적인 보호를 위해 나중에 서부 장벽과 평행하게 늘어선 두 번째 장벽을 세웠고 각 장벽의 길이를 따라 하나로 이어지는 탑을 지었어요. 이들 긴 장벽은 아테네가 적군의 포위 작전에서 살아남을 수 있게 해주었어요. 아테네의 강력한 해군이 바다에서 패배한 경우만 아니라면 말이죠. 이후에 스파르타와 치른 전쟁에서는 이웃한 시골 지역에서 온 수많은 사람이 장벽 안으로 이동했고, 모든 아테네인은 아테네의 두 항구를 통해 도시로 운송된 식량을 먹으며 살아남았어요.

그러니까 아테네가 바다를 통제할 때는 장벽이 효과가 있었던 거죠. 하지만 기원전 405년 아테네 함대가 패배했을 때 도시에는 식량 공급이 끊겼고, 아테네인은 스파르타인에게 강제로 항복해야 했어요. 스파르타인은 '엄청난 기쁨의 현장'에서 긴 장벽을 부쉈죠. 아테네인은 10년이 흐른 뒤 장벽을 다시 지었고, 장벽은 이후 300년 동안 그 자리에 계속 서 있었어요. 기원전 86년 도시가 로마의 술라 장군에게 포위당했을 때, 술라 장군은 이들 장벽을 완전히 부숴버렸어요.

그리스의 피레에푸스 항구에 있는 배와 항구로부터 언덕 너머에 있는 아테네까지 이어지는 두 개의 긴 보호 장벽이 그려진 오래된 그림이에요.
존 스티플 데이비스/위키미디어 커먼스/퍼블릭 도메인

벽돌은 어디에서 왔을까?

수많은 고대의 장벽이 돌이나 진흙으로 만들어졌지만, 붉은 뱀은 커다란 빨간 벽돌 수백만 장으로 지어졌어요. 장벽은 몇 가지 표준 측정법에 맞춰 제작됐어요. 장벽의 서쪽 부분은 길이 37센티미터, 동쪽 부분은 길이 40센티미터에 맞춰졌죠. 벽돌은 지역의 황토를 적절한 모양으로 빚은 다음 장벽을 따라 설치한 수천 개의 커다란 벽돌 가마 속에서 단단하게 굳히는 방식으로 생산됐어요. 2005년에 이란인과 영국인으로 구성된 고고학 팀이 가마를 발굴해 냈는데, 이 가마는 1970년대에 발견된 또 다른 가마와 거의 같은 크기였죠. 가마는 장벽의 나이를 계산하고 싶었던 고고학자들에게 중요한 단서였어요. 고고학자들은 가마 안에서 숯 샘플을 파낸 다음, 방사성 탄소와 광학 연대 측정법을 사용해서 장벽을 지은 시기가 기원전 5세기인지 6세기인지 알아냈어요.

아모리 장벽

- 건축 시기: 기원전 2100년~2000년
- 길이: 최소 250km
- 높이: 8.8m
- 재료: 거친 벽돌

기원전 2100년부터 2000년 사이에 메소포타미아의 수메르인(현대 이라크)은 우르와 우르에 식량을 공급해주는 주변 농지를 보호하기 위해 긴 장벽을 지었어요. 이 장벽은 이제 역사학자들에게 아모리 장벽(장벽을 세운 사람들의 이름을 따서 지은 이름이에요) 또는 마르두 장벽이라고 알려져 있어요. 이 장벽은 수메르인이 처음으로 지은 장벽은 아니에요. 기원전 3500년만큼이나 이른 시기에 수메르인 건축가들은 햇볕에 말린 벽돌을 사용해서 그들의 도시와 도시를 둘러싼 비옥한 농지를 구분했어요. 농장은 도시 사람의 식량을 책임지는 데 중요한 역할을 했지만, 장벽은 방랑하는 유목민이 말을 타고 쳐들어왔을 때 그보다 더 중요한 역할을 한다는 것을 알게 됐어요. 공격을 당하면 들판에서 일하던 사람들은 도시로 뛰어 들어와서 장벽 밖의 해자를 가로지르는 작은 다리를 건넌 뒤, 벽돌 장벽 뒤에 있는 자기 집 안으로 대피했어요.

선진 문명

수메르인은 장벽 뒤에서 바퀴, 마차, 학교, 관개, 기념비적 건축, 관료 체제, 문자 등의 혁신과 발명이 포함된 복잡한 문명을 개발했어요. 수메르인은 주변 농장에서 안정적으로 공급받은 식량 덕분에 도시가 번창했어요.

아모리 장벽은 잘 지었지만, 주요한 문제점이 몇 가지 있었죠. 첫 번째 문제는 그 장벽 전체를 지킬 수메르인 군사가 부족했다는 것이었어요. 두 번째는 양쪽 끝이 고정돼있지 않아서, 침략하는 적이 말을 타고 장벽을 돌아 장벽과 강이 맞닿는 곳으로 가면 된다는 점이었어요. 아모리인은 정확히 그렇게 했죠. 그들은 수년간 서쪽에서 침략했고 수메르인의 힘을 약화시켰어요. 결국, 수메르인은 동쪽의 이웃이었던 엘람인의 침략으로 몰락했어요.

벽돌은 메소포타미아의 아모리 장벽을 짓는 데 사용됐어요. 수메르인은 벽돌을 지구라트라고 불리는 피라미드 구조를 만드는 데 사용하기도 했죠. 이 사진은 지금도 이라크 키시라는 도시에 세워져 있는 지구라트의 모습이에요.
데이비드 스탠리/위키미디어 커먼스/CC BY 2.0

붉은 뱀(고르간의 위대한 장벽)

- 건축 시기: 420년~540년경
- 길이: 195km
- 높이: 6~10m
- 재료: 구운 벽돌

　수메르인이 위대한 장벽을 지은 지 2천 년이 지난 이후, 또 다른 문명이 지금은 북부 이란이 된 곳에 웅장한 장벽을 지었어요. 사산 페르시아 제국은 서쪽 카스피 해안부터 동쪽 엘부르즈산맥의 작은 언덕까지 뻗어 나간 긴 벽돌 구조인 '고르간의 위대한 장벽'을 세웠어요.

　그들은 대부분의 식량을 재배하는 비옥한 고르간 평원을 방어하려고 장벽을 지었어요. 고고학자들은 많은 군사(약 15,000~36,000명)가 적군의 침략에 대비하려고 장벽을 따라 배치됐다고 생각해요. 장벽에는 길이를 따라 최소 30개의 요새가 붙어있었어요. 고고학자들은 사산 제국의 기술자들이 고도로 숙련된 사람들이었다고 믿어요. 장벽 옆에 있는 운하의 매끄럽고 안정적인 각도가 북부에서 쳐들어오는 적군을 막는 역할을 하는 물을 끊임없이 공급해주었기 때문이죠. 운하의 물은 남쪽에서 강물을 가져오는 5개 이상의 작은 운하에 의해 공급되었어요. 비가 거의 내리지 않는 이 반건조 지역에서는 그 물을 농업에 사용할 수도 있고 벽을 짓는 데 필요한 수백만 개의 벽돌을 만드는 데 사용하기도 했어요.

시간이라는 모래 위에서 길을 잃다

　고고학자들이 장벽을 덮고 있는 흙을 퍼 올려서 끄집어내야 했지만, 오늘날에도 장벽은 여전히 건재해요. 약 1,500년 동안 바람이 불어와 장벽 위에 먼지와 모래를 쌓아준 덕분이죠. 장벽은 벽돌의 색깔 때문에 붉은 뱀이라고도 불러요. 사실 장벽에는 여러 이름이 붙었어요. 페르시아인은 이 장벽을 알렉산더 장벽이라고 불렀죠. 기원전 4세기에 페르시아 제국을 정복했던 고대 그리스의 알렉산더 대왕이 이 지역을 지나갔다고 여겼기 때문이에요.

마추픽추

남아메리카에서 가장 잘 알려진 성곽도시는 아마도 그 유명한 마추픽추일 거예요. 마추픽추는 1450년 즈음 잉카 제국에서 해발 2,400미터가 넘는 열대우림에 잉카 파차쿠티 황제의 왕실이 소유한 땅으로 지었죠. 잉카 사람은 마추픽추에 수많은 장벽을 지었어요. 몇 개의 장벽은 지붕을 떠받쳤고 나머지는 적군으로부터 도시를 보호했죠. 하지만 수많은 장벽이 가파른 산비탈을 농지로 바꾸려는 목적으로 제작됐어요.

물론, 바위투성이였던 산꼭대기는 정원으로 활용하기에 적합한 환경이 아니었어요. 그래서 잉카 사람들은 옥수수 같은 작물을 키우는 용도로 사용할 평평한 계단식 밭을 만들려고 경사지를 가로질러 긴 장벽을 지었어요. 단단한 장벽이 산비탈을 가로질러 지어지면 장벽의 오르막 부분에 흙을 쌓아서 길고 가늘게 작물을 심을 수 있는 평평한 바닥을 만들었어요. 잉카인은 마추픽추로 이어지는 계단식 밭을 많이 지었어요. 궁극적으로 커다랗고 넓은 초록색 계단 같은 모습을 띠게 된 밭이었죠. 계단식 밭은 많은 식량을 제공했지만, 비가 많이 오는 지역에서는 유지하기도 짓기도 어려웠어요. 비가 정말 심하게 올 때면, 넘쳐난 물이 장벽 안의 돌을 무너뜨리면서 산사태를 일으켰죠.

라마와 함께 살기

도시 자체는 윗부분과 아랫부분으로 나뉘었어요. 대부분 주거시설은 위에 있었고, 농지는 아래에 있었죠. 아랫부분에는 라마와 알파카를 비롯한 여러 동물이 살았어요. 이들 동물은 자연적으로 고도가 높은 곳에서 사는 데 적합했고 벽으로 둘러싸인 도시 아래의 경사지에서 방목했어요. 고고학자들은 마추픽추에 1450년부터 1530년대까지 사람들이 살았다고 생각해요. 500~1,000명 정도의 사람이 살았는데, 그중 대부분이 하인이었어요. 장벽은 마른 돌로 지었고, 모르타르 없이 쌓아 올렸죠. 잘라낸 것처럼 보이는 돌도 있었지만, 여러 화강암 덩어리는 지진 때문에 생겨났을 가능성이 있어요. 안데스산맥에 이따금 일어나는 그 지진 말이에요.

역사적 유산

마추픽추는 약 100년 이후, 그러니까 스페인 사람들이 이 지역을 식민지로 만든 이후 버려졌어요. 정확히 왜 버려졌는지는 알려지지 않았지만, 천연두 때문에 수많은 잉카 사람이 죽었기 때문일 수 있어요. 천연두는 유럽인이 아메리카 지역에 옮겨 온 치명적인 질병으로, 수십만 명의 잉카 사람을 죽음으로 몰아넣었을지도 몰라요. 오늘날 마추픽추는 아름다움으로 명성이 높은 세계 유명 역사 관광 명소예요. 유네스코는 마추픽추를 '토지를 이용해서 이룬, 어디에서도 찾아볼 수 없는 가장 위대한 예술적이고 건축학적인 업적이자 잉카 문명의 가장 중요한 유형 유산' 중 하나라고 불러요.

라마는 마추픽추의 폐허 속에서 지금도 살아가고 있어요. 아직도 가파른 경사지에서 풀을 뜯지만, 지금은 한때 마추픽추를 지은 잉카 사람의 정원이었던 평평한 인공 계단식 밭을 거닐 수 있어요.

OGPHOTO/게티 이미지

네 번째
적에 맞서는 장벽

장벽을 세우는 가장 보편적인 이유는 침략하는 군대를 막기 위해서일 거예요. 창과 칼의 시대부터 대포의 시대를 거쳐 20세기까지, 군 지도자들은 적에 맞서는 견고한 성벽에 희망을 걸었죠.

성보의 에레도

- 건축 시기: 800년~1,000년경
- 길이: 160km~수천 킬로미터 사이로 추정
- 높이: 14m
- 재료: 흙과 돌

요루바족은 천 년이 더 지난 시기에 나이지리아의 무성한 녹색 우림 안에서 보호 장벽과 그 장벽을 따라 흐르는 해자를 만들었어요. 장벽 위로 정글이 자라난 탓에 최근까지 이 장벽은 가려져 있었죠. 요루바족은 그들의 왕국을 에워싸고 지키려고 오늘날 '성보의 에레도'라고 알려진 방어체계를 지었어요. 과학자들은 당시 건축가들이 350만 세제곱미터가 넘는 돌과 흙을 사용했을 거라고 예상해요. 이건 이집트 쿠푸 왕의 거대한 피라미드에 사용한 재료보다 더 많은 거예요! 게다가 이 장벽은 더 단단했을 거예요. 축축한 정글 흙과 점토가 더 튼튼한 혼합물을 만들었기 때문이죠. 에레도 장벽을 만든 사람들이 지하수에 닿을 때까지 일부러 계속 땅을 팠다고 생각하는 고고학자들도 있

어요. 이렇게 하면 해자에 물이 차서 장벽 옆에 있는 질퍽한 방해물이 될 테니까요. 비록 장벽은 수 세기 동안 사람들의 기억 속에서 지워졌고, 제멋대로 자라난 밝은 녹색 나무와 덩굴 식물로 뒤덮였지만, 장벽 일부는 지금까지도 서 있어요. 장벽은 나이지리아의 국가적 자부심이자 관광업의 원천이 되었죠. 그리고 이 장벽의 건설을 처음 의뢰한 사람에 대한 궁금증을 불러일으켰어요.

시바 여왕?

요루바족에 속한 이제부 부족은 장벽이 오로에 비리키수 성보라는 이름의 부유한 귀족 여성을 기리려고 지었다고 주장해요. 그녀는 적들의 침입을 막고 이제부 왕국이 통합된 채 유지되길 바랐죠. 나이지리아와 그 너머의 일부 사람은 성보가 성경에도 등장하고 코란에도 언급되는 전설적인 시바 여왕이라고 생각해요. 시바 여왕은 솔로몬 왕과 결혼하고 에티오피아에 유대인 정착지를 설립했다고 알려진 인물이에요. 성보의 에레도를 공부하는 고고학자들은 이 질문과 다른 질문에 대해 더 연구가 필요하다고 말해요. 나이지리아 정부는 이 고대 장벽을 유네스코 세계 문화유산으로 지정해 달라고 신청했고, 2021년에 나이지리아의 미국 사절단은 장벽의 지도 제작과 보존을 위해 40만 달러를 기부했어요.

쿠에랍

- 건축 시기: 900년~1,100년경
- 길이: 약 580m
- 너비: 최대 110m
- 높이: 최대 20m
- 재료: 석회석

차차포야족은 천 년이 넘은 시기에 남아메리카에서 스스로를 방어하려고 강력한 돌장벽을 세웠어요. 그들은 이제 페루가 된, 아마존 우림에 높이 솟은 안데스산맥의 동쪽 경사지에 살았죠. 이웃에 사는 잉카 사람들은 차차포야족을 구름의 전사라고 불렀어요. 차차포야족은 900년에서 1100년 사이쯤, 하늘처럼 높은 곳에 쿠에랍이라는 놀라운 도시를 건설했어요. 우트쿠밤바 강을 내려다보고 해발 고도가 3,000미터가 넘는 산꼭대기였죠. 차차포야족은 석회석을 커다란 블록으로 잘랐고(무게가 3톤이 넘는 블록도 있었어요), 이 블록으로 사다리꼴 모양의 영역을 이루는 장벽을 세웠어요.

오늘날에도 장벽은 여전히 남아있고, 한때 정부, 군사, 종교 건물이 있는 쿠에랍을 공격으로부터 방어해주고 차차포야 문명의 중심지로 만드는데 도움을 준 망루와 연결돼 있어요. 장벽은 420개의 원형 석조 집을 보호하기도 했어요. 전사, 농부, 그리고 이 외의 수많은 사람이 장벽 안에 살았어요. 전성기 때 쿠에랍에는 5천 명이 넘는 사람이 살았던 것으로 추정돼요. 쿠에랍은 수백 년 동안 번창했지만, 1470년에 이웃이었던 잉카 왕국에 도시를 점령당해요. 이는 스페인이 잉카를 정복하기 백 년쯤 전의 일이에요.

삭사이우아만

잉카에서도 벽으로 둘러싸인 요새를 지었어요. 수도 쿠스코의 북쪽에 있는 인상적인 요새였죠. 1400년대에 파차쿠티 황제의 통치 아래에서 공사를 시작했어요. 요새는 케추아 말로 '매가 만족하는 곳'이라는 의미로 '삭사이우아만'이라고 불렀어요. 요새는 모르타르 없이도 붙어있도록 조심스럽게 잘라낸 거대한 마른 돌로 지었어요. 삭사이우아만은 구름이 지나가는 고도 3,700미터가 넘는 높이에서 지어졌죠. 거대한 돌은 안산암이라고 불리는 화산암의 일종에서 잘라냈어요. 어떤 것은 무게가 거의 200톤이었고 유럽인이 아메리카 대륙에 도착하기 전에 제작된 돌 가운데 가장 큰 돌이었다고 여겨져요. 거대한 크기에도 불구하고 돌은 매우 정교하게 잘라져 틈이 거의 없어요. 실제로 많은 방문객이 블록 사이에 종이 한 장도 집어넣을 수 없다는 걸 발견했어요! 여기에 더해 수많은 블록이 둥근 날로 잘렸는데, 이는 블록끼리 서로 더 많이 밀착하도록 만들었어요. 어쩌면 이러한 특징 덕분에 삭사이우아만의 장벽이 백년에 한 두 번씩 일어나는 주요 지진을 버텨낼 수 있었을지도 몰라요.

틀라스칼라 보호 장벽

지금은 멕시코 지역인 틀라스칼라 사람들은 15세기에 그들의 강력한 이웃인 아즈텍의 침략에 대비하려고 보호 장벽을 세웠어요. 이 두 토착 집단은 스페인이 멕시코를 식민화하기 전까지 서로 수많은 전쟁을 치렀어요. 아즈텍은 강했지만 틀라스칼라를 단 한 번도 정복하지 못했어요. 스페인 정복자 에르난 코르테스가 보낸 편지에 따르면 스페인 사람들은 1519년에 이곳에 도착했고, 해안에서부터 내륙 쪽으로 침입했어요. 코르테스는 틀라스칼라 사람들이 있는 곳으로 가려고 계곡을 행군해 올라가다가 발견한 것에 대해 이렇게 말했어요. "높이가 약 9피트(2.7미터)인 거대한 마른 돌벽을 발견했다. 하나의 산에서 다른 산까지 계곡 하나를 통째로 가로지르는 장벽이었다. 두께는 약 20피트(6미터)였고, 돌난간이 있었다. 꼭대기의 너비는 1피트 반(0.5미터) 정도로, 위에서 아무도 싸울 수 없게 되어 있었다."

장벽은 아즈텍의 침입을 막았지만, 스페인 병사들이 틀라스칼라의 영역으로 쳐들어오는 것을 막지는 못했어요. 수만 명의 틀라스칼라 전사가 스페인에 맞서 싸웠고, 전투에서 많은 사람이 목숨을 잃었답니다. 결국에는 틀라스칼라의 왕 치코튼카틀 2세가 스페인 정복자 에르난 코르테스를 수도로 초대했고, 코르테스는 그곳에서 20일을 머물렀어요. 두 지도자는 아즈텍에 대항한 동맹을 이루는 데 동의했어요. 코르테스가 떠났을 때 6천 명의 틀라스칼라 전사가 그의 병사들과 힘을 합쳐 아즈텍의 수도인 테노치티틀란으로 쳐들어갔고, 결국 아즈텍을 무너뜨렸어요.

16세기의 이 그림에서는 틀라스칼라의 왕 치코튼카틀 2세가 스페인 정복자 에르난 코르테스와 동맹을 맺는 모습을 볼 수 있어요.
디에고 무노즈 데 카마르고/위키미디어 커먼스/퍼블릭 도메인

인도의 만리장성

- 건축 시기: 15세기
- 길이: 37km
- 높이: 최대 4~7m
- 너비: 최대 4.5m
- 재료: 돌

　인도에도 장벽이 많아요. 라자스탄주는 언덕 위의 요새로 유명하답니다. 지금까지 남아있는 요새는 100개가 넘어요. 천 년이 넘은 것도 있죠. 여러 요새가 내부의 사람뿐 아니라, 사원, 뜰, 정원을 보호하려고 설계한 장벽으로 둘러싸여 있어요.

　우다이푸르 근처의 쿰발가르 요새는 많은 사람에게 인도의 만리장성으로 알려진 세계에서 가장 긴 성벽 중 하나로 둘러싸여 있어요. 이 요새는 15세기에 인도 메와르 왕국의 통치자였던 라나 쿰바(쿰바카르나 싱)가 세웠어요. 요새의 장벽은 자연환경을 이용하도록 지어졌어요. 장벽은 열세 개의 산봉우리에 둘러싸여 있고 거대한 망루는 물론 일곱 개의 커다란 대문을 갖추고 있어요. 지난 수 세기 동안 장벽이 안전하다는 것이 입증됐고, 요새 장벽 밖에서 벌어진 전투로부터 당시 아기였던 이 지역의 왕 우다이 싱을 보호하기도 했죠.

마지노선

- 건축 시기: 1928년
- 길이: 450km
- 위치: 프랑스와 독일 국경
- 재료: 철근 콘크리트와 강철

1930년대에 프랑스 정부는 정말 어마어마한 장벽 하나를 세웠어요. 마지노선은 지하 벙커, 지뢰밭, 요새, 포대를 포함한 방어 시설이었죠. 철근 콘크리트와 강철 550만 톤으로 지은 마지노선은 독일과 프랑스의 국경을 따라 지면 아래 깊숙이 묻혀 있어요. 마지노선은 수백만 명의 기억 속에 제1차 세계 대전이 생생할 때 세워졌고, 전쟁 중에 너무 심하게 다쳐서 지팡이를 짚고 평생을 살아야했던 앙드레 마지노라는 프랑스 정치인의 이름을 따서 지었어요. 1920년대에 마지노는 프랑스 정부를 설득해서 독일과의 국경에 큰돈을 들여 방어 시설을 지었어요. 오늘날의 90억 달러와 맞먹는 금액이었죠.

기습 공격

그렇게 큰돈을 들였는데도 장벽은 효과가 없었어요. 장벽은 제1차 세계 대전에서 흔히 사용됐던 느린 전투 방법, 그러니까 주로 참호전을 막기 위해 만들어졌어요. 하지만 1940년에 나치 독일이 프랑스를 점령했을 때는 전격전이라는 다른 전투 방법을 사용했어요. 기갑 장비를 갖춘 탱크와 항공기로 공격했죠. 나치는 마지노선을 뚫고 싸우려고 하기보다 마지노선을 돌아서 벨기에의 아르덴 산림 지대로 치고 들어갔어요. 그들은 마지노선을 넘어 신속하게 프랑스로 건너가 영국군과 프랑스군을 포위하여 일부를 대서양 연안으로 밀어내고 50만 명 이상의 군인을 포로로 잡았어요. 그런 다음 나치는 파리를 손에 넣고 이후 5년 동안 프랑스의 대부분을 점령했어요.

1939년 프랑스 장교들이 마지노선의 요새 꼭대기에 서서 독일을 바라보고 있어요. 나치 세력은 마지노선을 금세 제압했고 이다음 해에 프랑스의 대부분을 점령했어요.
키스톤/게티 이미지

다섯 번째
홍수와 동물을 막는 장벽

대부분의 장벽은 사람을 염두에 두고 지었지만, 자연을 통제하려고 지은 장벽도 있어요. 어떤 장벽은 동물이 들어가면 안 되는 곳에 못 들어가게 하려고 짓기도 했어요. 어떤 장벽은 물이 흐르면 안 되는 곳으로 흐르지 못하게 막는 것도 있죠. 또 어떤 장벽은 식물이 자라나길 바라는 그 장소에서 자라도록 보호한답니다.

예리코 장벽

- 건축 시기: 기원전 8300년
- 너비: 2m
- 높이: 4m
- 재료: 흙과 돌

인간이 가장 처음 장벽을 지은 곳이 어디인지는 확실히 짚어내기 어려워요. 초기에 지어진 구조물은 지난 세월 동안 많이 사라졌기 때문이죠. 무너진 것도 있고, 허물어진 것도 있고, 땅속으로 서서히 가라앉은 것도 있어요. 우리가 아는 것 중에서 가장 오래된 장벽은 예리코 장벽이에요. 고고학자들은 이 장벽을 웨스트 뱅크에 있는 텔에스술탄(텔 예리코라고도 불러요)이라는 곳에서 발굴했죠. 이들 고대 장벽은 예리코 전투에 대한 성서의 이야기에 등장해요. 이스라엘 민족이 요르단강을 건너 가나안 땅에 들어간 뒤 예리코를 공격했을 때의 이야기이죠. 지은 지 너무 오래된 장벽이라서 고고학자들은 이 장벽이 정확히 왜 지어졌는지 몰라요. 장벽은 적의 공격으로부터 예리코 사람을 보호하려고 만들었을 수도 있어요. 하지만 일부 고고학자들은 장벽이 예리코 사람을 홍수 같은 자연재해로부터 보호하려고 지었다고 믿어요. 요르단강은 장벽과 매우 가깝고 홍수가 일어난 적이 많았어요.

건축가의 유산

장벽은 기원전 8300년쯤 지어졌어요. 마을이 자리 잡은 지 얼마 안 된 시점이었죠. 수백 명, 어쩌면 수천 명의 사람이 진흙 벽돌로 지어진 집에서 살았어요. 1만 년이 지났지만, 아직도 건축가들의 엄지손가락 지문이 벽돌에 남아있어요! 하지만 집 주변에 지은 장벽은 전부 주위를 둘러싼 언덕에서 마을로 가져온 무거운 돌로 만들었어요. 장벽 옆의 배수로는 단단한 기반암으로 잘려나갔어요. 이걸 파내려면 엄청난 노력이 필요했을 거예요.

토끼 방지 울타리

- 건축 시기: 1901년~1907년
- 1번 울타리의 길이: 1,824km
- 울타리 세 개의 총 길이: 3,256km
- 높이: 1.1m
- 재료: 철, 나무, 철망

호주에 있는 장벽의 높이와 너비는 그저 그렇지만 길이는 믿기지 않을 정도로 길어요! 그리고 장벽의 대부분은 동물의 이동을 막기 위해 지었죠. 호주의 원주민은 수만 년 동안 이 대륙에서 살아왔어요. 영국 정착민들이 1788년 호주에 도착했을 때 고양이, 염소, 여우, 토끼 같은 동물을 몇 마리 데려왔어요. 처음 데려온 토끼는 숫자가 많이 늘어나진 않았어요. 토끼를 주로 우리 안에서 식용으로 키웠기 때문이죠. 하지만 1859년에 토마스 오스틴이라는 사람이 자신의 손님들에게 사냥할 거리를 만들어주려고 영국에서 야생 토끼 24마리를 들여와서 들판에 풀어줬어요. 그 사람들이 몇 마리를 총으로 쏴서 잡기는 했지만, 생존한 토끼가 훨씬 더 많았어요. 이들 토끼는 호주 전체에 빠르게 퍼져나갔죠. 토끼를 막을 포식자가 전혀 없는 환경에서 이 털북숭이 이민자들은 온갖 종류의 토종 꽃과 풀을 뜯어 먹었고, 매일 숫자가 배로 늘어났어요. 머지않아 수백만 마리의 토끼가(전부 오스틴이 들여온 토끼 24마리의 후손이었죠) 풀을 몽땅 뜯어 먹어버렸고, 이는 토양의 침식으로 이어졌어요.

동물 울타리 건축가들

토끼 방지 울타리가 서부 호주에서 특정 동물의 유입을 막으려고 지어지는 동안, 그 장벽을 지은 사람들은 다른 동물의 도움을 받아 울타리를 지어야 했어요. 1번 울타리를 지은 건축가 120명은 호주에 들어온 동물 군단의 도움을 받았죠. 당나귀 41마리, 말 210마리, 낙타 350마리가 울타리 작업에 참여했어요. 낙타는 무거운 짐을 날랐고 물을 한 모금도 마시지 않아도 살아남을 수 있기에, 서부 호주의 황량한 사막에서 특히 큰 도움이 됐어요. 몇몇 역사학자들은 낙타의 도움이 없었다면 울타리가 완성되지 못했을 거라고 말해요.

토끼 때문에 화가 나서

농부들은 울타리를 쳐서 자기 소유지에 토끼가 들어오지 못하게 하려고 필사적으로 노력했어요. 첫 울타리 몇 개는 돌 장벽이었지만, 별로 효과가 없었어요. 토끼가 굴을 파거나 돌 사이 틈으로 비집고 들어올 수 있었기 때문이죠. 토끼가 그 틈에 계속 눌러 살 때도 있었어요. 다음으로 농부들은 토끼 판자라고 부르는 긴 나무판자를 늘어놓는 방법을 시도했어요. 하지만

나무는 금세 썩었고, 이에 농부들은 철사를 사용하기 시작했죠. 1860년대에는 농장 주변에 긴 동물 방지 울타리를 지었어요. 나무 말뚝을 철망으로 연결해서 만들었는데, 틈이 너무 좁아서 웬만한 동물은 지나갈 수 없을 정도였어요. 사람들은 엄청 긴 토끼 울타리를 지었지만 많은 경우, 울타리가 완성되기도 전에 토끼들은 반대편으로 깡충깡충 뛰어넘어 가는 경우가 많았어요.

1890년이 되자 이들 토끼는 호주의 서부 해안까지 퍼졌어요. 1896년에 서부 호주 식민정부는 토끼 개체 수를 연구하러 동쪽으로 감독관을 보냈어요. 아서 메이슨은 돌아와서 서부 호주에 더 많은 토끼가 들어오는 것을 막으려면 여러 종류의 긴 울타리를 지어야 한다고 제안했어요. 1901년에 서부 호주는 새로운 국가인 호주와 합쳤고, 그후 처음 내린 결정 중 하나는 국가를 가로지르는 장벽인 1번 울타리를 짓는 것이었어요. 이 장벽은 다 합쳐서 토끼 방지 울타리, 궁극적으로는 '서부 호주의 국가 장벽 울타리'라고 불리는 3개의 긴 장벽 중 하나였어요.

길고 긴 작업

공사를 시작했지만, 장벽이 너무 길어서 완성하는데 6년이 걸렸어요. 장벽은 남부 해안가에서 북쪽으로 긴 선을 이루며 호주의 남서부 해안까지 이어졌어요. 1번 울타리는 당시 끊어지지 않고 이어지는 울타리 중에서 가장 길이가 긴 울타리였어요. 울타리 말뚝의 일부는 쇠로 만들어졌지만, 주재료는 나무였어요. 말뚝 사이의 간격은 대략 3.7미터였고, 바닥에서 0.9미터 올라와 있었죠. 호주 사람들이 네팅이라고 부르는 철망이 바닥에 추가되었어요. 동물이 울타리 밑을 뚫고 지나가는 걸 막기 위해서 철망을 땅속으로 15센티미터까지 연장해 둔 거죠. 이후에 딩고와 여우도 들어오지 못하게 하려고 서부 호주 국가 장벽 울타리는 더 높아졌어요.

해충 방지 울타리는 복합적인 결과를 불러왔어요. 이 울타리는 수년 동안 많은 농부가 자신의 가축을 안전하게 보호할 수 있게 도움을 주었고, 과학자들은 울타리가 멸종 위기에 처한 조류, 파충류, 작은 포유류가 살아남는데 중요한 역할을 했다고 말해요. 하지만 울타리는 토끼를 통제하는 데는 효과가 없었죠. 호주의 야생 토끼는 대대적인 생태계 파괴를 일으켰고, 토끼 개체군은 2억 마리나 될 것으로 추정해요!

서부 호주 개스코인 지역에 있는 토끼 방지 울타리의 일부.
일반 시민이 울타리를 따라 나 있는 트랙으로 이동하는 건 불법이에요. 이 도로는 울타리 작업을 하거나 야생 동물과 관련된 일을 하는 사람들의 차량을 위해 따로 마련된 도로예요. 보안 카메라가 울타리를 따라 설치돼 있고, 불법으로 운전을 하고 지나가는 사람에게는 벌금을 1만 달러까지 부과할 수 있어요.
스티브 로저스/게티 이미지

딩고 울타리

- 건축 시기: 1880년~1885년
- 길이: 5,614km
- 높이: 1.8m
- 울타리가 지나가는 호주의 주: 3개

환경적 영향

딩고 울타리는 '세계에서 가장 큰 생태계 현장 실험'이라고 불렀어요. 이 울타리가 호주를 한쪽에는 수만 마리의 딩고가 지내고, 반대쪽에는 딩고가 거의 없는 거대한 두 개의 생태계로 나누기 때문이죠. 딩고는 호주에 남은 가장 큰 포식 동물 중 하나이며, 딩고 울타리는 과학자들에게 딩고가 파충류, 왈라비를 비롯하여 사냥 대상을 어떻게 위협하는지 실험해볼 수 있게 해주었어요. 오랫동안 딩고는 작은 동물 개체군을 위협한다고 추정해 왔지만, 최신 연구는 그 반대를 시사했어요. 이는 딩고가 울타리 양쪽에 살면서 왈라비와 파충류의 포식 동물인 여우의 개체 수를 줄일 수 있기 때문일 거예요. 식물도 딩고가 있는 쪽에서 더 다양하게 서식했죠. 아마 딩고가 풀을 뜯어 먹는 캥거루를 사냥하기 때문일 거예요.

서부 호주의 국가 장벽 울타리같은 남동부 호주의 긴 울타리는 여우와 딩고가 들어오지 못하게 막으려고 세워졌어요. 오늘날 가장 긴 울타리는 딩고 울타리라고 알려져 있어요. 이 울타리는 1880년대에 지었고, 남동부 호주를 가로질러 엄청나게 먼 곳까지 펼쳐져 있답니다. 울타리는 수천 년 동안 호주 대륙에서 살아온 들개인 딩고로부터 양 떼를 보호하려고 설계됐어요. 딩고는 캥거루, 왈라비, 토끼, 쥐, 새를 비롯한 온갖 동물을 사냥해요. 특히 양을 어미와 새끼 가리지 않고 사냥하죠. 그래서 농민과 주 정부는 새로운 울타리를 지어서 1800년대에 지었던 오래된 울타리와 연결했어요.

울타리 순찰

이렇게 긴 울타리를 돌보려면 할 일이 많아요. 매일 순찰하는 사람이 필요하죠. 초기에 순찰대는 손상된 곳이 있는지 확인하고 수리할 때 낙타를 타고 다녔어요. 이제는 유트라고 부르는 소형 트럭을 타고 다닌답니다. 울타리가 손상된 부분은 많이 발견돼요. 딩고는 울타리 밑을 파고 들어가고, 어떤 캥거루는 울타리에 쾅 하고 부딪혀서 풀을 뜯기 더 좋은 반대편으로 넘어가려고 해요. 울타리에는 농장 차량이 지나갈 수 있는 출입구가 여러 군데 있어요. 울타리를 가로지르는 주요 도로에는 동물이 길을 건너지 못하도록 도로 표면에 도랑이 설치돼 있죠. 이 점을 제외하면 울타리는 꽤 단순해요. 철망으로 연결한 나무 말뚝일 뿐이죠. 일부 구간에는 형광등이 켜져 있어요. 흰빛과 빨간빛이 번갈아 가면서 들어오죠. 호주의 눈부신 하늘에서 에너지를 얻는 태양 전지판이 이 불빛에 동력을 제공해요.

브라질의 벽으로 둘러싸인 동네 1970년대

여섯 번째
전쟁과 불평등이 만든 장벽

전쟁이나 어떤 폭력적인 갈등이 끝나고 장벽을 양쪽 사이에 지으면 도움이 되지만, 가끔은 그 장벽이 해결할 문제보다 더 많은 문제를 일으키기도 해요. 강철과 콘크리트로 지은 단단한 장벽일 때도 있고, 물리적 구조물이 없는 장벽일 때도 있어요. 그저 양쪽 사람이 모두 접근할 수 없는 금지 구역일 뿐이에요.

한국 비무장 지대(DMZ)

- 건축 시기: 1953년
- 길이: 240km
- 너비: 4km

한반도는 수백 년 동안 하나의 통합된 왕국이었어요. 그러다가 제2차 세계 대전 이후 남쪽과 북쪽으로 나뉘었죠. 그 후 1950년에 북한이 남쪽을 침략했고, 싸움은 3년 동안 계속됐어요. 전쟁이 드디어 끝났을 때 250만 명이 사망했고 그 어느 때보다 양쪽 진영의 분열은 심각한 상태였어요. 이 파괴적인 전쟁은 나라 대부분을 폐허로 만들었고 양쪽은 위도 38도 선을 따라 길고 가느다란 땅인 비무장 지대(DMZ)로 분리됐어요. DMZ는 강철이나 돌로 만든 일반적인 장벽이 아니지만, 사람이 살지 않는 길고 가느다란 땅이에요.

양쪽의 군대

DMZ 양쪽에는 수천 명의 군사가 보초를 서고 있어요. 남쪽에는 3만 명 전후의 미군이 주둔하고 있죠. 북한도 많은 군인을 거느리고 있고, 탱크와 거대한 로켓 발사 장치를 갖추고 있어요. 이 장치는 DMZ에서 남쪽으로 40킬로미터 밖에 떨어져 있지 않은 수도 서울을 비롯하여 남한 깊숙한 곳까지 치명적인 미사일을 발사할 수 있어요. 남한 사람이 북한 사람과 서로 얼굴을 맞대고 서 있을 수 있는 유일한 공간은 유엔에서 감독하고 있는 공동경비구역(JSA)밖에 없어요. 남북의 보초가 휴전선 양쪽에 나란히 서 있죠. 남한 보초는 태권도에서 검은 띠를 따야만 이 중요한 자리에서 일할 수 있어요. 북한은 DMZ 밑으로 땅굴을 파려는 시도를 최소한 네 번 했어요. 1990년에 해안이라는 마을 아래에서 북한이 파낸 폭 2미터의 땅굴이 완성되기 전에 발각되었어요.

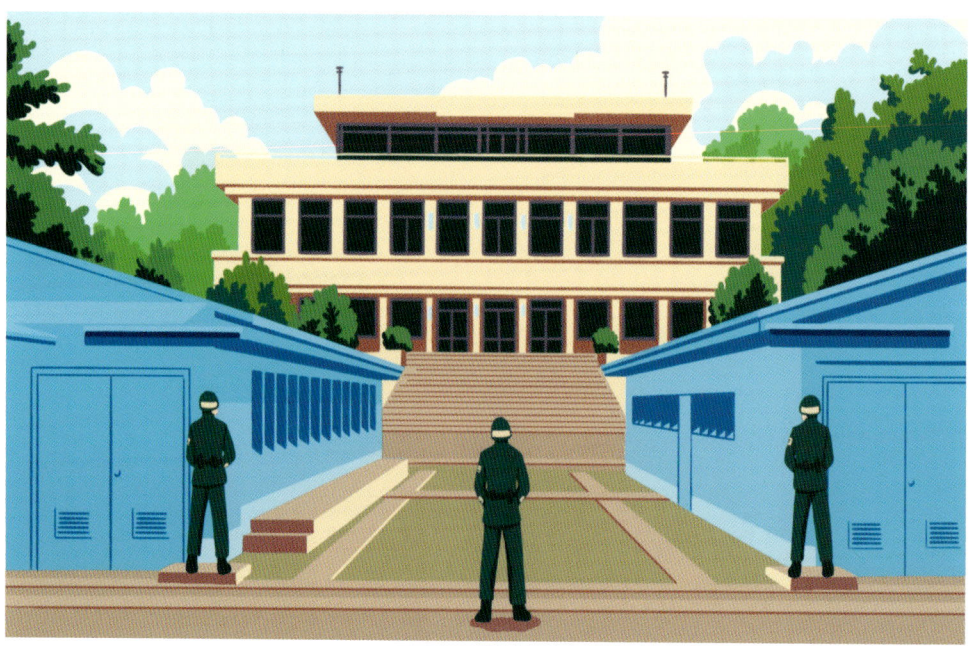

거짓으로 세워진 장벽

DMZ는 두 댐 사이에 자리 잡고 있기도 해요. 남한에서 88올림픽을 주최하기 2년 전인 1986년 북한은 남쪽으로 흐르는 북한강 위에 임남댐이라는 댐을 짓기 시작했어요. 남한도 임남댐에서 35킬로미터 떨어진 곳에 댐을 짓기 시작했죠. 이 댐에 '평화의 댐'이라는 이름을 붙였고 남한 사람은 북한의 물바다 공격에 대비해 홍수 피해를 막을 수 있길 바랐어요. 중간에 수년간 작업이 중단됐지만, 2005년에 드디어 마무리됐어요. 높이 125미터, 너비 601미터로 세워졌죠. 하지만 당시 남한 정부는 88년 서울올림픽을 앞두고 북한의 물바다 공격 위협을 국민들에게 과장하여 발표했고 언론사들은 '서울 물바다론'을 집중 보도해 대응댐 건설을 위한 국민모금 운동이 벌어지기도 했어요. 나중에 알고 보니 북한의 '금강산 댐' 물공격을 방어한다는 명분이었지만 당시의 불리한 정치적 국면을 바꾸려고 남한 정부가 조작한 분위기 조성용 사업이었다는 사실이 밝혀졌어요. 뉴욕 타임스는 이 거대한 댐을 '갈라진 한반도의 정치를 위한 4억 2,900만 달러짜리 기념물'이라고 불렀어요.

가톨릭교도와 신교도 공동체를 나누는 벨파스트 '평화의 벽' 조감도예요. 벨파스트의 일부 거주민은 벽을 부수고 싶어 하지만, 처음 세워진 이후 50년이 넘어서도 이 목표를 향한 진척은 더뎠어요.
티크로우포토/게티 이미지

북아일랜드 평화의 장벽

- 건축 시기: 1969년~현재
- 길이: 수십 미터~5km
- 높이: 최대 8m
- 재료: 벽돌, 철, 강철

수년간 북아일랜드는 영국에 소속된 상태로 남고 싶어 하는 신교도와 영국을 떠나 아일랜드 공화국과 하나가 되고자 하는 가톨릭교도로 갈라진 상태였어요. 북아일랜드 사람 대부분은 다른 의견을 평화롭게 표출했지만, 폭력적인 행태를 보인 사람들도 있었죠. 양쪽 사람들 모두 폭격, 총격, 납치의 피해자였어요. 1968년과 1998년 사이에 총 3,600명이 넘는 사람이 목숨을 잃었어요. 교전 중인 두 국가의 모습과는 다르게, 대립하는 양쪽은 함께 살았어요. 많은 가톨릭 이웃이 신교도 이웃의 건너편에 살았죠. 이에 대응하여 북아일랜드 정부는 많은 사람에게 평화의 벽이라고 알려진 일련의 분리 장벽을 지었어요. 1920년대와 1930년대에 세워진 장벽도 있었지만, 대부분은 트러블이라고 알려진 시대가 시작된 1960년대에 수도 벨파스트에 지어졌어요. 일부는 데리, 포터다운, 러간 같은 마을까지 이어지기도 했어요. 단단한 장벽에는 경찰이 낮에는 열어놓고 밤에는 잠가둘 수 있는 출입구가 있었죠.

여전히 서 있는 장벽

1998년에 성금요일 협정이 체결되면서 분쟁의 시대는 공식적으로 막을 내렸지만, 장벽은 계속 남았어요. 평화 협정이 체결되고 20년 뒤에도 많은 장벽이 더 높아지고 길어졌어요. 북아일랜드가 2023년까지 모든 장벽을 없애겠다고 약속했지만, 여전히 여러 개가 남아있죠. 아직도 북아일랜드의 많은 이가 장벽이 곧 없어지길 바라고 있어요.

위험한 장벽 위의 예술

평화의 장벽은 예술가들에게 가치있는 목표물이 됐어요. 많은 장벽이 이미지, 슬로건, 그림으로 이루어진 알록달록한 벽화로 뒤덮였죠. 그런 그림 중 몇 가지는 분쟁 시대에 사망한 사람들을 묘사했어요. 양쪽 사람들의 충성심을 표현하는 깃발 그림도 있어요. 어떤 그림은 북아일랜드의 모든 거주민에게 오랜 적대감을 떠나보내고 평화롭게 지내라는 메시지를 보여주기도 해요. 그리고 대문자로 '장벽을 없애라'라고 쓰인 표어처럼, 그림이 그려져 있는 바로 그 장벽을 없애라고 촉구하는 작품도 있어요.

브라질의 벽으로 둘러싸인 동네

브라질의 많은 부유한 사람이 장벽에 둘러싸인 동네로 이사했어요. 지난 30년간 적잖은 사람이 직장을 구하러 도시로 몰려오면서 도시가 커졌고, 이에 따라 범죄도 늘어났어요. 외부인의 출입이 통제되는 주택가는 점점 늘어났고, 범죄를 우려하는 많은 부유한 브라질인은 이런 주택가 안에 있는 멋진 저택을 구매했어요. 높은 장벽은 이 동네에 살지 않는 사람들이 안으로 들어오지 못하게 하려고 만들었어요. 이 동네에 사는 사람들은 출입구를 통해서 들어와야 했죠. 출입구에는 집주인들이 고용한 경비원이 안으로 들어오려고 하는 모든 사람의 신분증을 확인해요.

안전하긴 하지만… 공평한 걸까?

외부인 출입이 통제되는 주택가의 주민들은 장벽 뒤에서 사는 삶이 훨씬 안전하게 느껴진다고 했고, 엄청나게 많은 브라질 사람이 이런 삶의 방식을 선택했어요. 2011년의 한 연구는 브라질에서 외부인 출입 통제 주택가에 사는 가구가 1백만 개 이상일 것으로 추정했어요. 하지만 일부 사람은 같은 수준의 보호 없이 가난하고 취약한 사람을 내버려 두는 것이 공평한가에 대해 의문을 품었어요. 물론 브라질에서 형편이 나은 사람이 장벽으로 둘러싸이고 장벽의 보호를 받는 동네를 점점 더 많

이 짓고 있는 건 맞지만, 브라질에서만 그런 현상이 일어나고 있는 건 아니에요. 남아메리카의 이웃인 아르헨티나와 에콰도르에도 보안이 삼엄한 고립 지역이 있어요. 캐나다, 중국, 러시아, 사우디아라비아, 튀르키예, 미국을 비롯하여 전 세계의 최소 열두 개 나라에는 부유한 시민들이 안전을 위한다는 이유로 장벽을 지었어요.

가진 자와 그렇지 못한 자의 분리

앞서 살펴봤듯이 출입 통제 주택가는 가난한 사람과 부유한 사람을 분리해요. 일부 브라질 도시는 제일 가난한 동네가 더 커지는 것을 막기 위해 이 동네 주변에 콘크리트 장벽을 세우기도 했어요. 판자촌이라고도 불리는 빈민 지역은 판잣집과 소박한 집이 모인 동네로, 점점 늘어나고 있죠. 이곳은 도시에서 더 나은 삶과 직장을 찾는 가난한 사람들로 가득 차 있어요. 하지만 그런 가난한 동네 몇 군데는 이제 엄청 거대해졌어요. 호시냐에는 18만 명이 넘는 사람이 살고 있답니다! 리우데자네이루의 공무원은 이곳이 더 커지지 않게 하려고 노력해요. 이들은 유명한 관광지이자 도시를 둘러싸고 있는 무성한 푸른 숲을 보호하기 위한 것이라며 장벽을 지었어요. 하지만 일부 브라질인은 더 많은 장벽을 짓는 게 부자와 가난한 사람 사이의 격차를 벌리기만 할 거라고 걱정해요.

새로운 공사의 시작

베트남 전쟁이 끝나고 몇 년 뒤부터 미국인들은 공공 기념비의 필요성에 대해 논의했어요. 목숨을 잃은 사람들을 추억하되, 미국 참전의 '옳고 그름, 동기'에 대한 의견은 더하지 않는 기념비의 디자인 대회가 열렸죠. 심사위원들은 1,422개의 응모작을 살펴봤어요. 어려운 과제였지만, 결국 예일대학에 다녔던 마야 린이라는 스물한 살짜리 학생의 작품이 뽑혔어요. 린이 수업을 듣고 있던 교수 중 한 분이 여러 학생에게 대회에 참가해 보라고 권했죠. 기념비가 세워질 워싱턴 공원을 방문했을 때 린은 주변 자연환경을 보고 감탄했어요. 린은 이렇게 말했죠. "저는 살아있는 공원을 파괴하고 싶지 않았어요. 지형을 활용해야지, 지형과 싸우려고 하면 안 돼요." 땅속에 박힌 기념비에 대해 린은 '칼을 들고 땅을 갈라서 열고, 시간이 지나면 초기의 폭력과 고통이 치유될 것'이라고 생각했어요.

베트남 전쟁 기념비

- 건축 시기: 1982년
- 길이: 150m
- 위치: 워싱턴 D.C.
- 재료: 광택이 나는 검정 화강암

1975년 베트남 전쟁이 끝났을 때, 전쟁으로 목숨을 잃은 사람의 숫자는 200만 명이 넘었어요. 대다수 피해자는 베트남인이었지만, 전쟁은 미국에서도 수년간의 고통과 분열을 일으켰죠. 정부가 태평양을 가로질러 군대를 보내는 것이 옳다고 생각했던 미국인도 있었던 반면, 전쟁에 반대하는 사람들도 있었어요. 그들 사이에 장벽이 세워져 있는 건 아니었지만, 수백만 명의 미국인은 베트남 전쟁에 대한 의견이 나뉘었어요. 하지만 얀 스크럭스라는 미국 참전 용사는 궁극적으로 사람들을 하나로 모을 전쟁 기념비를 꿈꿨어요. 사실 기념비는 뒤에 흙이 쌓여있고, 땅속에 박힌 두 개의 독립된 장벽이었어요. 장벽은 비스듬히 V자 모양을 이루며 나란히 세워져 있죠. 장벽이 만나는 지점은 3미터 높이까지 올라오고, 양쪽 끝은 총 20센티미터까지 서서히 낮아져요. 장벽에는 참전했다가 목숨을 잃은 5만 8천 명이 넘는 사람의 이름이 새겨져 있어요. 기념비는 그들의 사랑하는 이들이 만나서 그들을 추억하는 장소가 됐고, 많은 사람이 장벽에 이름이 적힌 친구와 가족을 기억하며 국기와 꽃을 남겨두고 가요.

전쟁과 마찬가지로 마야 린의 디자인은 논란이 많았어요. 일부 참전 용사는 장벽의 어두운 색깔과 높이가 낮은 것이 마치 장벽이 숨으려고 하는 것처럼 보인다고 했어요. 참전 용사들이 군복무를 한 것에 대해 부끄러워해야 한다는 메시지를 주면서 말이죠. 하지만 장벽을 방문한 수백만 명의 참전 용사는 가족과 친구의 이름을 보고 눈물을 흘렸어요. 시간이 지나면서 린의 전쟁 기념비는 미국 도시 계획 사업의 중요한 일부가 됐죠.

169미터 높이의 워싱턴 기념비가 베트남 전쟁 기념비 위에 솟아 있어요. 매년 약 300만 명이 기념비를 보러와요.
루디 설건/게티 이미지

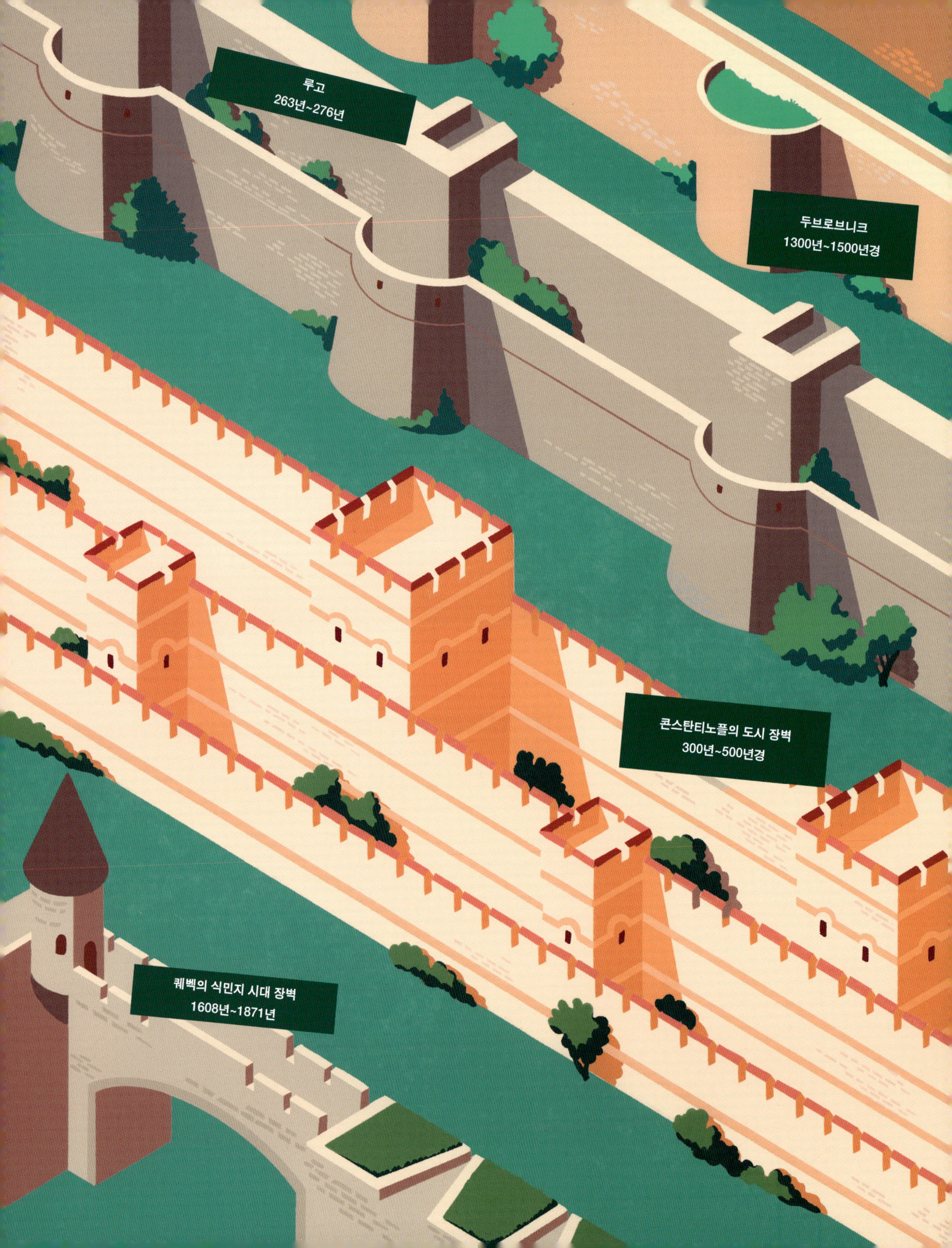

세르비아네 방벽
기원전 400년경

일곱 번째

번화하고 부유한 도시의 장벽

몇 고대 왕국이 시골 지역을 가로질러 긴 장벽을 짓는 동안, 도시 주변에 짧은 돌 장벽을 지은 왕국도 있어요. 이제 대부분 도시가 장벽 너머로 커지기는 했지만, 아직도 많은 장벽이 그대로 있죠. 스페인의 아빌라와 세고비아, 프랑스의 카르카손, 영국의 요크는 모두 단단한 장벽 뒤에서 부유해진 도시의 훌륭한 본보기예요.

기관을 보호하려고

내부에 있는 주요 기관을 보호하려고 대도시 안에 장벽을 짓기도 해요. 로마 가톨릭교회는 더 큰 도시인 로마로 둘러싸인 바티칸 시국에 자리하고 있어요. 바티칸 시국은 이탈리아 수도의 한 가운데 있는데도 자치 구역이며, 면적과 인구 규모가 세계에서 가장 작은 자주국이에요. 바티칸의 면적은 49헥타르밖에 안 되고, 인구는 천 명에도 못 미쳐요. 하지만 이 적은 인구는 커다란 돌 장벽으로 둘러싸여 있어요. 장벽이 바티칸을 완전히 둘러싸고 있지는 않지만, 바티칸 대부분과 로마의 나머지 구역 사이에 서 있어요. 첫 번째 장벽은 사라센의 침략자들이 바티칸을 공격하고 얼마 지나지 않은 시기인 850년대에 지어졌어요. 교황 레오 4세가 미래의 공격에 대비하려면 강력한 장벽이 필요하다는 결정을 내렸죠. 장벽은 그대로 있지만, 커다란 출입구는 오랫동안 열려 있어요. 매년 수백만 명의 방문객이 바티칸의 박물관이나 산피에트로 바실리카 교회를 보려고 이 문을 쉽게 걸어 지나가죠.

두브로브니크

- 건축 시기: 1300년~1500년경
- 길이: 1,940m
- 높이: 최대 25m
- 재료: 석회암
- 장벽에 있는 대포: 120개

남부 크로아티아의 두브로브니크는 눈부시게 아름다운 성곽도시 중 하나예요. 두브로브니크는 아드리아 바다 해안 지대의 험준한 지역에 지어졌어요. 지은 지 500년이 넘었고 훌륭한 돌 장벽으로 둘러싸여 있죠. 이 장벽이 제 역할을 정말 잘 한 덕분에 두브로브니크에 기반을 둔 라구사 공화국은 수 세기 동안 독립 상태를 유지할 수 있었어요.

중세 이후에도

두브로브니크의 여러 장벽은 최근인 1990년대에도 적으로부터 도시의 거주민이 스스로를 방어할 수 있을 만큼 도움이 되었어요. 1991년 크로아티아 독립 전쟁 중에 유고슬라비아 인민군이 두브로브니크를 공격했어요. 그들은 바다에서 먼저 공격한 다음, 근처 언덕에서 로켓과 박격포를 쏘았어요. 난민들은 장벽 뒤가 더 안전하길 바라면서 도시의 구시가지로 쏟아져 들어왔어요. 모두가 안전하지는 못했어요. 일부 민간인은 목숨을 잃었고, 장벽과 여러 오래된 건물이 크게 손상됐어요. 미국 건축가 협회는 구시가지 폭격을 비난했어요. 격렬한 전투가 다음 해까지 이어졌지만, 크로아티아 군대는 고대 장벽 덕분에 유고슬라비아 인민군이 들어오지 못하게 막아낼 수 있었어요.

세르비아네 방벽

- 건축 시기: 400년경
- 길이: 11km
- 높이: 10m
- 너비: 3.6m
- 장벽을 통과하는 출입구: 16개

로마 제국은 수많은 장벽을 지었어요. 가장 중요한 장벽 중 하나는 로마 주위에 지은 세르비아네 방벽이죠. 여섯 번째 로마 왕인 세르비우스 툴리우스의 이름을 따서 지은 이 장벽은 화산이 내뿜는 재에서 형성된 단단한 돌의 한 종류인 응회암을 사용했어요. 세르비아네 방벽은 강력한 방어벽이었지만, 점점 커지는 도시를 품을 수 없었어요. 로마 제국이 확장되면서 로마는 결국 장벽 너머로 커졌죠. 기원전 3세기가 됐을 무렵 북유럽에서 온 부족들이 이 대도시를 공격했고, 아우렐리아누스 황제는 도시를 더 잘 보호할 수 있는 더 큰 장벽을 지으라고 명령했어요. 이 장벽은 물론 아우렐리아누스 장벽이라고 불렀죠!

루고

- 건축 시기: 263년~276년
- 길이: 2,117m
- 높이: 10~15m
- 장벽의 탑: 71개
- 재료: 돌

루고는 전 세계에서 온전한 로마 장벽이 둘러싸고 있는 유일한 도시예요. 스페인의 갈리시아 자치 구역에 자리하고 있죠. 로마인은 이 마을을 정복하고 기원전 15세기경에 루쿠스 아우구스티라는 이름을 붙였어요. 이 작은 도시는 로마의 속주 갈라에시아의 수도 두 곳 중 하나가 됐죠. 수년간 루고가 여러 차례 공격을 당했기 때문에, 로마인은 외부인의 침략을 막기 위해 장벽을 지었어요. 이후 몇 년 동안 수에비족, 서고트족, 무어족, 노르만족이 공격을 해왔어요. 하지만 루고의 로마 장벽은 1,700년 이상 자리를 지켜왔고 이제 세계 문화유산으로 인정받았어요.

정부 요새

러시아 정부의 청사 역시 모스크바 한가운데 있는 두꺼운 장벽 뒤에 서 있어요. 크렘린 궁전은 주변에 여러 탑과 출입구가 있는 장벽으로 둘러싸인 요새예요. 꼭대기에는 천 개가 넘는 '뾰족한 날'이 튀어나와 있죠. 지금의 장벽은 1600년대의 이탈리아 건축가들이 만들었어요. 하지만 이 장벽이 크렘린 궁전을 둘러싼 첫 장벽은 아니랍니다. 모스크바가 처음 세워진 1100년대에 나무 장벽을 세웠어요. 그리고는 1300년대에 그곳에 석회석을 사용한 첫 돌 장벽을 세웠죠. 석회석 대부분은 썰매에 실려서 눈 위를 지나 모스크바로 왔죠. 모스크바는 크렘린 궁전 장벽 너머로 수 킬로미터까지 확장됐고 이제 장벽은 러시아 정부의 가장 중요한 건물만을 보호하고 있어요.

로마의 세르비아네 방벽 일부는 아직 그대로 있어요. 이 부분은 도시의 가장 북적거리는 기차역인 로마 테르미니와 가까운 곳에 있죠. 이 역은 장벽 위에 지어졌어요. 기차역 안에 있는 맥도날드에는 기존 장벽의 일부가 남아있기도 해요!

살바토레 팔코/위키미디어 커먼스/CC SA 1.0

콘스탄티노플의 도시 장벽

- 건축 시기: 300년~500년경
- 바깥 장벽 높이: 12m
- 너비: 4.5~6m
- 길이: 테오도시우스 장벽 구간 5.7km
- 재료: 석회석, 빨간 벽돌과 모르타르를 바른 돌무더기

강력한 장벽을 갖추고도 로마는 질병, 내전, 침략을 비롯한 수많은 고난을 겪었어요. 그래서 로마 제국은(이제 튀르키예의 이스탄불이 된) 고대 도시 비잔티움으로 중심지를 이동했어요. 콘스탄티누스 황제는 324년에 이 도시의 이름을 '새 로마'라 바꾸고 이곳을 로마 제국의 새로운 수도로 선포했어요. 6년 뒤에 이 도시의 이름은 콘스탄티노플로 다시 바뀌었죠. 이후 수세기 동안 콘스탄티노플은 유럽에서 가장 크고 부유한 도시가 됐어요. 콘스탄티노플은 이미 단단한 돌 장벽을 가지고 있었죠. 하지만 콘스탄티누스는 이제까지 건설된 방어벽 중 가장 복잡한 시스템 중 하나로 성장할 고대의 마지막 대규모 장벽을 건설하기 위한 프로젝트를 시작했어요.

테오도시우스 장벽

5세기에 도시를 육지와 바다 모두로부터 보호하기 위한 겹 테오도시우스 장벽 공사가 시작됐어요. 키가 더 큰 안쪽 장벽에는 96개의 탑을 포함했고, 바깥쪽 장벽은 두께가 얇고 높이가 안쪽 장벽의 절반이 채 안 됐어요. 하지만 수백 년 동안 두 장벽은 바깥쪽 해자와 더불어 적이 절대 건너오지 못하게 했어요. 어쩌면 그 동안 콘스탄티노플 장벽의 가장 큰 문제는 지진일 수 있어요. 여러 차례의 지진이 탑과 장벽 자체에 상당한 피해를 줬죠. 하지만 장벽 수리가 가장 우선시 될 정도로 이 구조는 콘스탄티노플의 보안에 핵심 역할을 했어요.

천 년을 버틴 장벽

콘스탄티노플은 매우 전략적인 위치에 있어요. 유럽과 아시아 대륙 사이의 경계를 구성하는 보스포루스 해협이라는 곳이었죠. 수세기 동안 수많은 군대가 콘스탄티노플과 비잔틴 왕국이라 알려진 동로마 제국을 정복하려다가 실패했어요. 하지만 장벽은 처음 지어지고 천 년이 넘는 시간 동안 굳건하다가, 1453년 오스만 제국이 자신들의 수적 우세를 내세워 6주간의 포위 작전으로 콘스탄티노플을 함락시키면서 뚫려버렸죠. 장벽이 결국 정복당하자 제국은 무너졌어요.

수많은 탑을 포함하여 이스탄불에 자리한 테오도시우스 장벽의 많은 부분은 여전히 건재해요. 이 역사적인 방어 시설인 장벽을 보거나 만지려고 많은 관광객이 방문을 해요.
살바도르 바르키/게티 이미지

퀘벡의 식민지 시대 장벽

- 건축 시기: 1608년~1871년
- 길이: 4.6km
- 성곽과 배수로의 너비: 73m
- 재료: 녹색 사암과 나무

기다릴 가치가 있는

역사학자들은 퀘벡의 장벽 안에서 머물며 지원군을 기다리지 않은 루이 조제프 드 몽칼름을 비판했어요. 다음 해 봄에 영국인들은 퀘벡시를 손에 넣은 뒤에 7천 명의 프랑스 군사가 도시를 되찾으려고 되돌아온다는 사실을 알게 됐을 때 정확히 이렇게 했어요. 영국인들은 장벽 뒤로 후퇴한 다음, 더 많은 배가 도착할 때까지 몇 주를 기다렸다가 프랑스 군대를 다시 몬트리올로 몰아냈죠.

1608년 프랑스 탐험가 사뮈엘 드 샹플랭은 자신이 '캐나다의 강'이라고 부른 지형을 내려다보는 험준한 곳에 교역소를 설립했어요. 이 교역소는 나중에 퀘벡시가 돼요. 마을은 강 위 90미터 높이로 치솟은 절벽 꼭대기에 있어요. 이런 조건 때문에 침략군이 손에 넣기가 매우 힘들었죠. 처음에 프랑스인들은 절벽과 소규모의 방어 시설에 의존했지만, 영국인들이 1690년에 프랑스 식민지인 아카디아의 포트 로열 정착지를 정복하자 퀘벡시에는 더 강력한 방어벽이 필요하다고 판단했어요. 절벽으로 보호되지 않는 유일한 곳인 마을 서쪽이 공격당할 때를 대비해서였죠. 프랑스인들은 글레이시스라고 부르는 거대한 비탈을 만들려고 장벽 옆에 배수로를 파고 커다란 돌 성곽을 지었어요. 장벽은 글레이시스 덕분에 적군의 시야에 들어가지 않았어요.

영국인의 침입

1750년대에 영국과 프랑스가 전쟁을 시작하자, 영국인은 요새 도시를 함락시키기로 했어요. 1759년에 영국 군대는 퀘벡시에서 상류로 항해하여 도시 장벽 바깥의 아브라함 고원에 집결하려고 장벽을 타고 올라갔어요. 프랑스의 지휘자 루이 조제프 드 몽칼름은 그들이 도착했다는 소식을 듣고 프랑스 군대를 장벽 밖으로 내보내 싸우게 했어요. 이 싸움에서 프랑스의 몽칼름과 영국의 제임스 울프 소장을 비롯하여 양국의 수많은 군사가 목숨을 잃었어요. 5일간 장벽 밖에서 전투를 치른 뒤, 도시 안에 살아남은 몇 안 되는 프랑스 군사들은 영국에 항복할 수밖에 없었어요.

미국인의 침입

15년 뒤 미국 독립 전쟁이 시작되고 미국 세력이 퀘벡을 포위했을 때 퀘벡시의 거대한 장벽은 영국인에게 도움을 주게 돼요. 이번에도 장벽은 봄에 영국의 배가 돌아올 때까지 영국 군사들이 버틸 수 있게 해줬어요. 영국인은 장벽에 너무 감명을 받은 나머지, 더 많은 장벽을 지었어요. 1820년대에는 도시 장벽 안에 성채라고 불린, 장벽으로 둘러싸인 요새를 지었어요. 이 장벽은 영국인을 외국 군대, 더 나아가 퀘벡시의 프랑스인 거주민들이 반란을 일으켰을 때를 대비해 지은 것이었어요.

구 퀘벡시 주변의 장벽에 지은 4개의 주요 도시 출입구 중 하나예요. 출입구는 군사들이 도시를 드나드는 사람들을 확인할 수 있는 통제 구역 역할을 했죠. 문을 닫고 바리케이드를 쳐서 적군의 침입을 막기도 했어요.
다니엘라 던컨/게티 이미지

인도의 그레이트 헤지
1840년~1880년

여덟 번째

돈을 벌어주는 장벽

대부분의 장벽은 사람의 이동을 통제하려고 지었지만, 돈을 들고 다니는 사람에게서 돈을 거두기 위해 지은 특수한 장벽도 있어요. 일부 장벽은 세금을 거두는 데 도움을 줬어요. 상인과 무역상의 돈을 도둑으로부터 지키는 데 도움을 준 장벽도 있고요. 그런 면에서 보면 이들 장벽은 자기 값어치를 톡톡히 했어요. 하지만 어떤 장벽은 그 장벽을 가로질러야 했던 사람에게 너무 큰 비용을 치르게 했죠.

위대한 짐바브웨

- 건축 시기: 1000년~1500년경
- 길이: 250m
- 높이: 9.7m
- 재료: 돌

수백 년 전 남동부 아프리카에서 쇼나족은 짐바브웨 왕국을 성공적인 무역 제국으로 성장시켰어요. 그들의 수도는 마스빙고라는 근대 도시 근처에 자리했었는데 11세기에서 15세기 사이에 점령당했어요. '짐바브웨'는 쇼나어로 '돌집'이라는 뜻이에요. 장벽으로 둘러싸인 수도에 걸맞은 이름이었죠. 900년 즈음 이 언덕 단지에 첫 건물이 세워졌어요. 그런 다음 단지의 하부 주변에 단단한 돌 장벽을 지었죠. 그 장벽 안쪽에 또 다른 장벽을 짓고 10미터 높이의 탑과 연결했어요.

왜 지었을까?

고고학자들은 아직까지 탑이 정확히 어떤 용도로 사용됐는지 몰라요. 곡물을 저장하는 커다란 시설이었을까요? 왕이 거주하는 곳이었을까요? 어떻게 사용됐는지는 정확히 알지 못하지만, 이 도시가 상업의 중요한 중심지였다는 건 확실해요. 위대한 짐바브웨 왕국은 아프리카 동부 해안가의 상업을 통제했고, 위대한 짐바브웨라고 알려졌던 곳에서 발견된 수많은 물품(예를 들면 아랍 동전이나 중국처럼 먼 곳에서 들여온 도자기 등)이 그 사실을 증명해요. 근처 폐허를 보면 장벽 주변에 진흙 벽돌집이 많이 있었고, 그곳에 2만 명이나 되는 많은 사람이 살았다는 것을 알 수 있어요. 하지만 궁극적으로 쇼나족은 떠났어요. 15세기가 됐을 무렵, 위대한 짐바브웨는 버려진 것과 다름없었죠.

왜 소금에 세금을 부과했을까?

인도의 그레이트 헤지

- 건축 시기: 1840년~1880년
- 길이: 661km~2,446km 사이
- 높이: 최대 4m
- 너비: 5m
- 재료: 대나무, 인도 대추, 백년초 및 기타 식물

사진 속의 백년초는 인도의 그레이트 헤지를 구성했던 주요 식물 중 하나였어요. 강인한 선인장은 전 세계의 건조한 지역에서 가축 방목을 위해 수 세기 동안 사용된 자연 울타리였어요. 인도의 영국인 지배자들은 이 울타리를 활용해서 사람을 이동시키고 세금을 거두었어요.

IAIS/게티 이미지

부엌이나 슈퍼마켓에서 소금을 쉽게 구할 수 있는 지금은 낯설게 느껴지지만, 예전에 소금은 찾기 어렵고 귀중한 식재료였어요. 음식을 보존하는 데 사용할 수 있고, 모든 사람이 건강을 유지하기 위해 소금을 최소한 조금씩은 섭취해야 했기에 매우 중요했어요. 영국인 지배자들은 소금의 중요성을 알고 세금을 거두는 수단으로 소금을 사용했어요. 2천 년도 더 전에 중국은 세계 최초일 거라 예상되는 소금 세금을 도입했고, 인도에는 영국인들이 도착하기 전에도 소금 세금이 있었어요. 하지만 영국인들은 많은 인도인이 세금을 낼 수 없는 형편인데도 그들에게 엄청나게 높은 세금을 부과하며 수백만 루피를 거두었어요.

대부분의 장벽은 세워지지만, 이 장벽은 길러졌어요. 1800년대에 영국인 식민지 지배자들은 인도 대부분을 가로질러 펼쳐지는 덤불 장벽을 심고 관리했어요. 살아있는 이 장벽은 서부 히말라야 산맥부터 인도를 가로질러 벵골 만까지 4,000킬로미터 정도 펼쳐지는 더 긴 내륙 세관 라인의 일부를 구성했죠. 처음에 이 울타리는 베어낸 인도 대추 같은 나무의 뾰족한 덤불로 만들었어요. 인도 대추의 긴 가시는 사람이나 동물의 살을 찔러서 쓰라리게 만들어요. 선인장 외에 아무것도 자라지 않는 건조한 지역에서는 선인장의 일종인 백년초를 심었어요. 이보다 습한 지역에서는 대나무를 사용했고요. 울타리는 개미, 메뚜기, 쥐 그리고 부패와 강한 바람 등 장벽을 망가뜨릴 수 있는 온갖 위협에 시달렸지만, 1만 2천 명 정도의 사람이 돌보았고 약 50년 동안 유지됐어요. 하지만 울타리는 신비로운 정원이 아니라, 영국인 식민지 지배자들을 위한 매우 실용적인 목적을 수행했어요. 울타리는 식민지 지배자들이 소금 세금의 형태로 돈을 거둘 수 있게 도와주었기에 소금 울타리라는 이름으로 불리곤 했죠. 울타리 옆에 난 긴 길은 세관 공무원이 세금을 내지 않고 울타리를 통과하거나 소금을 가지고 가는 사람이 없도록 감시하는 데 도움을 줬어요.

가장 '비인간적인' 세금

기본적으로 세금은 소금을 생산하는 펀자브 지역에서부터 인도를 가로질러 소금을 수송하는 모든 사람이 내야 하는 비용이었어요. 영국인은 인도 사람에게서 소금 세금으로 수백만 루피를 거두었어요. 하지만 이는 삶의 필수 요소 중 한 가지를 위해 치러야 하는 비용치고는 너무 비쌌고, 수백만 명의 가난한 인도인이 식비를 마련하지 못해서 굶주려야 하는 상황에서도 세금은 내야 했어요. 인도 독립운동의 지도자였던 마하트마 간디는 이 세금을 '인간의 독창성으로 생각해낼 수 있는 가장 비인간적인 인두세'라고 불렀어요.

선조 푸에블로족이 살던 커다란 푸에블로 보니토의 폐허예요. 장벽은 지어진 지 1,100년이 넘었고 지금은 미국 국립공원 관리청으로부터 높은 수준의 보호를 받고 있죠.

존 엘크 3세/게티 이미지

일직선으로 신중하게 정렬된 미스터리

푸에블로 보니토는 일직선으로 신중하게 지은 정남향의 거대한 장벽으로 이등분돼 있기도 해요. 아침에 태양이 푸에블로 보니토 위로 떠오르면서 장벽이 서쪽에 그림자를 드리운 뒤, 정확히 정오에 동쪽으로 이동하면서 사라져요. 이는 장벽이 우주 철학적 목적에 대한 깊은 지식을 바탕으로 지은 것을 의미하지만 현대의 고고학자들은 여전히 정확한 이유를 밝혀내지 못했어요. 또 다른 중요한 미스터리는, 사람들은 도대체 왜 푸에블로 보니토를 떠났을까? 라는 질문이에요. 선조 푸에블로족은 1300년대에 이곳을 떠났을 것으로 추정해요. 많은 구조물이 수백 년간 사막을 가로질러 불어온 모래로 뒤덮였어요. 수십 년 동안 가뭄이 계속됐다고 추정하는 고고학자도 있고, 선조 푸에블로족이 이 지역의 나무를 전부 베어버리고 나서 나무가 없어서 살 수 없었다고 짐작하는 학자들도 있어요. 이유가 무엇이든 한 가지는 확실해요. 장벽은 사람이 떠난 뒤에도 오래 남아 있었어요.

푸에블로 보니토 장벽

- 건축 시기: 850년~925년
- 남쪽 장벽 길이: 175m
- 너비: 0.9m
- 재료: 사암과 진흙

토착민은 유럽인이 대륙에 도착하기 수천 년 전에 북아메리카 안에 장벽을 지었어요. 오늘날 선조 푸에블로족이라고 알려진 공동체는 지금은 남서부 미국이 된 지역을 가로질러 장벽으로 둘러싸인 마을과 도시를 짓고, 그곳에서 멕시코만처럼 먼 곳에서 가져온 보석, 도자기, 앵무새 같은 것을 사고팔았어요. 장벽은 그들에게 그런 물건을 상대적으로 안전하게 거래할 장소와 보호할 방법을 제공해 주었죠. 하지만 푸에블로 보니토(스페인어로 "아름다운 마을"이라는 뜻이에요)라고 불리는 그들의 가장 인상적인 성곽도시는 지은 지 거의 1,200년이 지나서도 미스터리로 남아있어요.

선조 푸에블로족은 아나사지, 또는 차코라는 이름으로 잘못 알려졌고 지금의 뉴멕시코, 콜로라도, 유타, 애리조나 주를 포함하는 광활한 지역에 걸쳐 살았어요. 그들은 푸에블로 보니토에 도시라기보다는 거대한 집 같은 공동체를 건설했어요. 4~5층 높이였고, 0.8헥타르의 면적을 차지했으며, 방이 거의 700개나 있었어요! 푸에블로 보니토에는 키바 35개도 포함했어요. 키바란 사람들을 따뜻하게 생활하게 하고 의식을 위해 사용했을 것 같은 화덕을 갖춘 원형 지하 방이었어요. 푸에블로 보니토는 갈색 사암과 진흙으로 만든 커다란 장벽이 둘러싸고 있어요. 바깥쪽 장벽은 안쪽에 있는 사람을 적이나 동물로부터 보호했을 것이고, 안쪽 건물 바닥을 지지하는 무거운 목재를 받치는 역할도 했어요.

아홉 번째

땅의 경계를 정하는 장벽

로마인들은 제국의 심장부에 있는 중요한 도시 주변에 장벽 세우는 일을 매우 좋아했어요. 그들은 또한 영국과 아프리카 같은 제국의 변방에서도 로마 제국의 끝과 나머지 세계의 시작을 표시하는 데 장벽이 중요한 목적을 수행할 수 있다고 생각했죠.

마일캐슬

마일캐슬은 하드리아누스 장벽을 따라 1로마마일의 일정한 간격으로 지은 작은 직사각형 요새였어요. 로마 마일은 현대 시대의 마일보다 약간 짧은 거리 단위예요. 대부분 마일캐슬은 두꺼운 돌 벽으로 지었고, 입구에는 삼엄한 경비를 섰어요. 사람들과 그들의 가축이 장벽 북쪽의 배수로를 가로지르는 둑길을 건너야 장벽을 통과하게 해주는 입구였죠. 마일캐슬은 여행객이 오갈 때 로마 제국에 세금을 내는 세관과 비슷한 역할도 했고, 20~30명의 군사가 생활하는 막사 근처에 지었어요.

하드리아누스 장벽

- 건축 시기: 122년~128년
- 길이: 117km
- 너비: 3m
- 높이: 최대 6m
- 재료: 토탄과 마름돌

117년 로마 황제의 자리에 오른 하드리아누스는 북아프리카부터 북부 영국까지 펼쳐지는 드넓은 나라와 사람을 통치했어요. 로마인은 이미 영국 섬에 살고 있었던 켈트족과 연이은 긴 전투를 통하여 70년이 넘는 시기부터 영국을 정복하기 시작했죠. 하드리아누스는 황제가 된 후 남잉글랜드와 웨일스 지역의 지배권을 확립했어요. 하지만 북잉글랜드와 스코틀랜드는 여전히 로마인의 야영지를 계속 습격하는 칼레도니아 사람이 지배하고 있었어요. 이에 하드리아누스는 '로마인을 야만인으로부터 분리하기 위해'라고 말하며 장벽을 세우라고 했어요.

발룸 하드리아니

하드리아누스 돌 장벽은 라틴어로 '발룸 하드리아니'라고 불리고, 북쪽으로 아일랜드 바다부터 동쪽으로 북해 근처 타인강까지 북잉글랜드를 가로질러 펼쳐졌어요. 장벽을 따라 로마인은 망루와 '마일캐슬'이라는 작은 요새와 조금 더 큰 요새들을 지었어요. 일부 요새에는 천 명에 달하는 지원군이 있었고, 군사에게 식량과 기타 물품을 판매하는 근처 야영지에는 더 많은 사람이 살았어요.

군사 분계선에서의 300년

하드리아누스 장벽은 300년 동안 활성화된 군사 분계선이었어요. 로마인이 영국을 떠났을 때, 많은 양의 돌을 장벽에서 떼어낸 뒤 집과 다른 건물을 짓는 데 사용했어요. 하지만 오늘날까지도 장벽의 긴 구간이 영국의 주요 관광 명소 중 하나인 하드리아누스 장벽의 길옆에 서 있어요. 장벽 일부가 영국과 스코틀랜드 사이의 국경 근처에 서 있긴 하지만, 장벽이 국경이 됐던 적은 없어요.

노섬벌랜드에 있는 하드리아누스 장벽을 가로지르는 산책로예요. 장벽 옆에 서 있는 그림 같은 플라타너스는 2016년 '올해의 영국나무상'을 수상했고 영국에서 사진에 가장 많이 담긴 나무 중 하나예요.
블루 스카이 인 마이 포켓/게티 이미지

안토니우스 장벽

- 건축 시기: 142년~154년
- 길이: 63km
- 높이: 3m
- 너비: 5m
- 재료: 돌, 토탄과 나무

안토니우스 피우스는 하드리아누스가 세상을 떠난 뒤 뒤를 이어 로마 황제가 됐어요. 안토니우스 황제는 하드리아누스처럼 로마의 적군을 막고 그 경계가 어디에 있는지 확고히 하기 위해 로마 제국의 북부 국경을 따라 장벽이 필요하다고 생각했어요. 따라서 하드리아누스 장벽이 지어진 지 20년 뒤에 로마인은 또 다른 장벽을 지었어요. 로마인이 발룸 안토니우스라고 불렀던 안토니우스 장벽은 하드리아누스 장벽보다 작고 짧았어요. 새로운 장벽은 포스 내포부터 클라이드 내포까지 스코틀랜드를 가로질러 펼쳐졌어요. 장벽을 세운 사람은 바닥에 토탄으로 덮인 돌 기반을 깔고, 타고 넘기 어렵게 하려고 꼭대기에 나무로 된 말뚝 울타리를 같은 것을 설치했어요. 로마인은 적들이 경계를 넘지 못하게 하려고 장벽의 북쪽을 따라 깊은 배수로도 팠어요. 안토니우스 장벽에도 마일캐슬과 요새 안에 배치한 로마 군사가 있었어요. 하지만 안토니우스 장벽은 8년 만에 버려졌어요. 로마인은 하드리아누스 장벽 안에서 국방을 강화하려고 하드리아누스 장벽으로 후퇴했기 때문이에요. 로마인이 스코틀랜드의 평화를 유지하려고 그곳에 사는 켈트족과 합의에 도달했다고 믿는 역사학자도 있어요.

고대 장벽을 위한 새로운 기술

안토니우스 장벽은 나무와 토탄으로 만들었기 때문에 오늘날 알아볼 수 있게 남은 흔적이 별로 없었어요. 현대 과학자들은 라이다(LIDAR)라고 불리는 광파 탐지 및 거리 측정 기술의 도움을 받아야 했죠. 라이다는 물체나 표면을 레이저 빛으로 조준하고 반사된 불빛이 되돌아오는 데 얼마나 오랜 시간이 걸리는지 측정해서 정보를 수집하는 방법이에요. 측정 결괏값은 그 물체의 3D 지도를 생성해요. 라이다는 많은 나무와 초목 때문에 바닥과 표면 아래에 무엇이 있는지 보기 어려운 지역에서 지진을 일으키는 단층선을 찾는 데 활용해요. 안토니우스 장벽의 많은 부분은 역사 기록에 성벽 일부가 어디 있는지 기록되어 있고, 1700년대 초에 지도로 작성되었기에 쉽게 찾을 수 있어요. 하지만 일부는 찾기가 거의 불가능해서 라이다 이미징 기술이 필요했어요.

포사툼 아프리카

- 건축 시기: 122년~128년
- 길이: 750km
- 높이: 3m
- 배수로 너비: 3~6m
- 재료: 돌과 모래

로마인은 유럽에 많은 장벽을 지었고, 아프리카에도 장벽을 일부 세웠어요. 기원전 146년에 제3차 포에니 전쟁에서 승리를 거두면서, 지금은 알제리와 튀니지인 영역으로 제국을 확장했어요. 그들은 자신의 영토가 어디에서 끝나는지 확실히 하기 위해서 포사툼 아프리카를 지었죠. 로마인이 자연석으로 장벽을 쌓은 곳도 있었지만, 포사툼 아프리카 대부분은 진짜 장벽이라기보다는 배수로에 가까웠고 아프리카에 자리한 새로운 로마 행정 구역의 남부 가장자리를 따라 만들었어요. 배수로의 목적은 적을 막기 위함이 아니라 로마 아프리카의 끝과 이웃이자 동맹국인 누미디아가 소유한 영토의 경계선을 확실히 하는 것이었어요.

바다에서 바다까지

포사툼 아프리카는 곶의 북쪽 해안부터 남동부 해안까지 이어졌어요. 그 첫 번째 국경 배수로는 포사 레지아라고 불렸어요. 고고학자와 역사학자들은 나머지 포사툼 아프리카를 지은 시기를 잘 몰라요. 아마도 다 짓기까지 수년, 어쩌면 수백 년이 걸렸을 거예요. 장벽 짓기는 122년(북잉글랜드에 자신의 이름을 딴 장벽을 지으라고 명령한) 하드리아누스가 방문한 이후 시작하여 다음 200년 동안 불규칙적으로 계속됐을 수도 있어요. 포사툼 아프리카에 대해 글로 남긴 유일한 기록은 테오도시우스 법전이에요. 수백 년이 지나서 쓰인 이 법전은 아프리카에 있는 로마 시민에게 포사툼 아프리카를 보존하지 않으면 땅에 대한 권리를 잃을 것이라고 충고했어요. 결국, 로마인은 430년대에 반달 왕국이 이 지역을 정복한 이후 포사툼 아프리카를 버렸어요.

이 지도에 어둡게 칠해진 지역은 기원전 146년 아프리카 로마 행정 구역의 대략적인 범위를 나타내요. 포사툼 아프리카는 로마 점령 구역의 남부 가장자리를 따라 지었어요. 포사툼 아프리카의 흔적은 지금까지도 남아있어요.

T8612/위키미디어 커먼스/CC BY-SA 4.0. 원본에서 각색

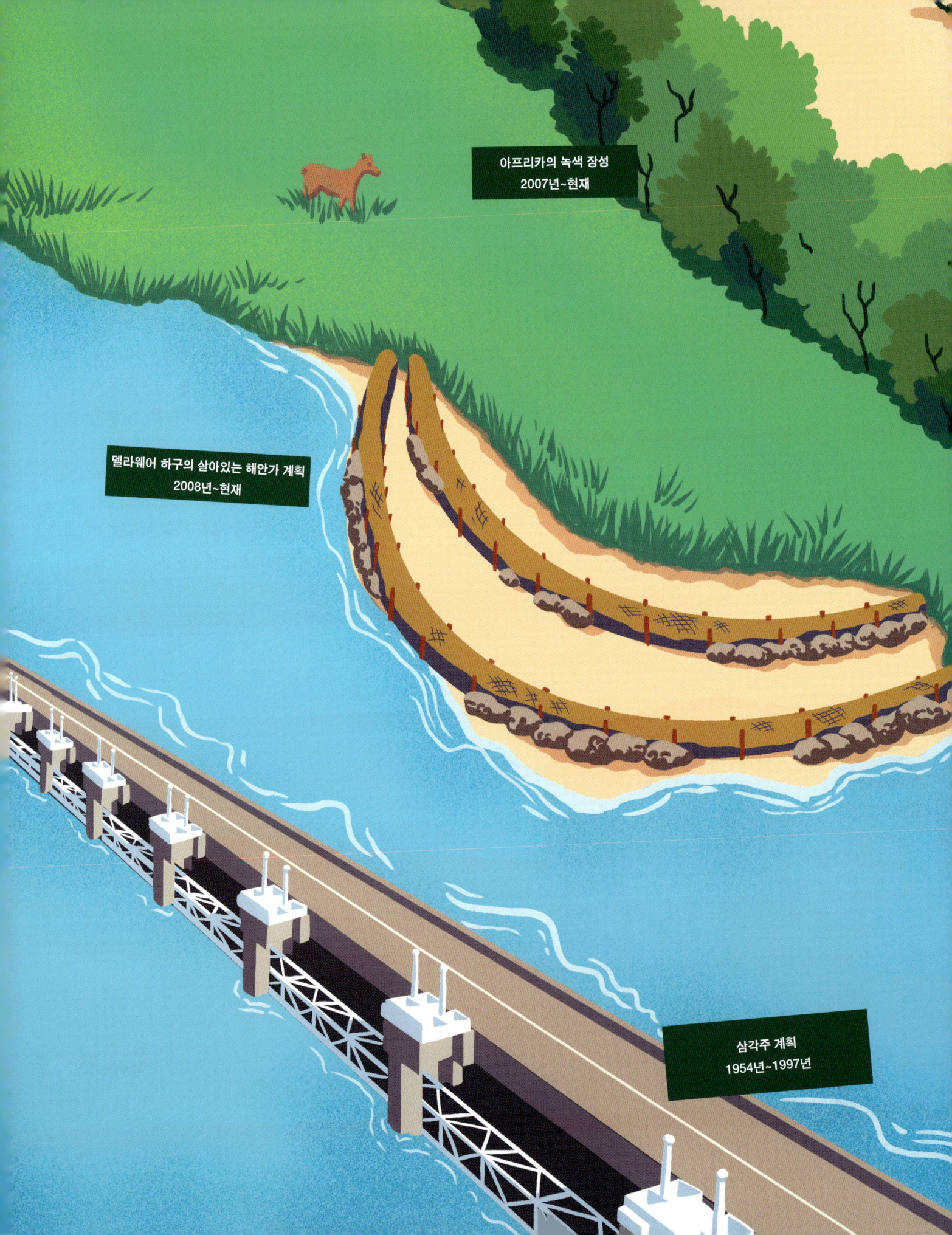

열 번째
미래의 장벽

사람들은 수천 년 동안 돌과 벽돌로 장벽을 지어왔지만, 미래의 장벽은 다른 형태를 띨 수 있어요. 사람과 지구의 미래를 모두 보호하는 데 도움을 줄 수 있죠. 이런 미래의 장벽은 자연을 활용하여 기후 변화가 미칠 수 있는 최악의 영향을 막아 줄 거예요. 그리고 바라건대, 지구와 지구에 사는 인류가 치유되도록 도움을 줄 거예요.

중국의 녹색 장벽

중국도 수년간 녹색 장벽을 지어왔어요. 공식 이름은 '3북 방풍림 프로그램'이에요. 이 프로그램은 중국 북쪽에 있는 고비 사막의 가장자리를 따라 방풍림을 짓는 엄청난 일이죠. 첫 번째 나무는 1978년에 심었고, 2050년까지 이 지역에 나무를 계속 심을 거라고 말했어요. 근처에 사는 사람들에게 땔감으로 조금 제공되기도 하겠지만, 이 긴 숲을 만드는 주요 목적은 고비 사막의 확산과 엄청난 먼지가 일어서 대한민국과 일본 등 먼 곳의 농지를 뒤덮는 거대한 바람을 막기 위해서예요. 그동안 이 프로젝트에는 여러 문제가 있었어요. 수많은 나무가 심은 지 얼마 지나지 않아 죽었고 살아남은 나무는 물을 너무 많이 빨아들인 탓에 근처 농업을 힘들게 만든다고 불평하는 사람도 있었어요. 그래도 중국에 사는 많은 사람이 이 숲에 큰 희망을 품으며, 녹색 장벽이 궁극적으로 4,500킬로미터까지 늘어날 거라고 예상해요.

아프리카의 녹색 장벽

- 심은 시기: 2007년~현재
- 목표: 8,000km
- 참여국: 11개국
- 재료: 나무
- 심을 나무 수: 수십억 그루

오늘날 많은 아프리카인은 또 다른 벽을 쌓는 대신, 이제 세계의 다음 불가사의로 성장할 수 있는 녹색 장벽을 세워 사하라 사막의 사막화를 막고 있어요.

사막 가장자리를 따라서 아프리카를 가로질러 한 줄로 늘어선 나무를 세우겠다는 야심찬 계획이에요. 사하라는 지구상 가장 건조한 장소 중 하나예요. 가장 가난한 곳 중 하나이기도 하죠.

수백만 명의 아프리카인은 기후 변화, 가뭄, 기근, 가난으로 고통받아왔지만, 녹색 장벽은 그들이 미래에 그런 문제와 싸우는 데 도움을 줄 수 있어요. 나무가 뿌리를 내리고 숲이 자라나면서, 땅은 활기를 되찾고 사람들은 먹을거리를 더 잘 길러낼 수 있게 될 거예요. 그러면 아프리카 사람이 할 수 있는 농업 분야의 일자리도 생겨나겠죠. 그리고 더 많은 빗물을 저장하고 지역 주민이 비가 오지 않는 시기를 잘 버텨낼 수 있게 도와줄 거예요. 나무는 커질수록 이산화탄소를 흡수하고 대기에 다시 산소를 뿜어내면서 기후 변화와 맞서 싸우는 데 도움을 줘요. 녹색 장벽은 수년이 걸릴 원대한 프로젝트이지만, 유엔은 이 장벽이 2030년까지 1억 헥타르의 불모지에 생명을 되찾아주고, 대기에서 2억 5천만 톤의 탄소를 빨아들이고, 지속 가능한 농업과 에너지 산업에서 1천만 개의 일자리를 만들 거라고 예상해요. 이제 수많은 아프리카인은 녹색 장벽이 세계에서 가장 큰 살아있는 구조물이 될 거란 꿈을 꾸고 있어요. 대보초(the Great Barrier Reef)보다 세 배나 큰 것이죠.

델라웨어 하구의 살아있는 해안가 계획

- 건축 시기: 2008년~현재
- 하구 크기: 17,600km²
- 습지 크기: 1,600km²
- 종: 200가지 이상

    미국 델라웨어 하구는 델라웨어강의 커다란 어귀에요. 강물이 흘러서 델라웨어만과 대서양의 소금물로 나가는 곳이죠. 하구의 많은 부분이 만조가 되거나 겨울이 되면 물에 잠기는 질척한 습지대로 뒤덮여 있어요. 습지는 새와 물고기를 위한 서식지를 제공해주기 때문에 야생 동물에게 엄청나게 중요해요. 엄청난 양의 물을 정화하는 거대한 필터의 역할도 하죠. 만조 시와 폭풍우가 닥쳤을 때 넘치는 물을 흡수함으로써 침수를 막아 근처 마을과 도시를 보호해요. 하지만 기후 변화로 인해 바닷물 수위가 높아지고, 이는 델라웨어 하구가 근처에 사는 인간과 새, 물고기에게 도움이 되지 않을 수 있다는 뜻이에요. 다행히 델라웨어, 뉴저지, 펜실베이니아에 사는 몇몇 사람이 살아있는 장벽을 지어서 하구를 지킬 계획을 세웠어요.

자연적 해결책

    델라웨어 하구의 살아있는 해안가 계획(간추려서 DELSI라고 불러요)에는 콘크리트나 강철이 필요하지 않아요. 나무 말뚝이나 코코넛 겉껍질 등 자연 생산물로 만든 통나무를 사용해서 홍합과 다른 조개류를 위한 긴 암초를 만들죠. 충분히 많은 조개류가 들어와서 암초를 차지하면 그들은 습지대의 가장자리를 안정시키고 습지대가 바닷속으로 무너지는 걸 막아줘요. 이런 자연 장벽은 이미 미국의 다른 주에서 실험했고, 우리는 앞으로 더 많은 살아있는 해안가를 보게 될 거에요.

환경적 논의

세계에서 가장 긴 인조 제방은 대한민국에 있는 새만금 방조제예요. 새만금 방조제는 새만금 하구를 가로질러 33킬로미터 뻗어있고, 400제곱킬로미터의 농지와 서해가 덮고 있는 저지대 땅에서 담수 저수지를 만들려고 지었어요. 1990년대에 이 계획이 처음 발표됐을 때 환경 단체들은 공사 허가가 나오기에 앞서 법적 항의를 하며 반대했어요. 반대하는 사람들은 개펄이 이미 자연 정수장치 역할을 한다고 주장했어요. 그리고 야생 동물에 중요한 서식지를 제공해주는 개펄을 파괴할 것을 우려했죠. 예전부터 이 지역은 멸종 위기에 처한 두 종의 조류를 비롯하여 바닷가에 서식하는 약 50만 마리의 새가 먹이를 구하는 곳이었어요. 조류 관찰자들은 2010년에 방조제가 마무리된 이후 지역에 돌아오는 바닷새의 숫자가 크게 줄었다고 말해요. 하지만 방조제를 지은 회사는 농지 증가가 지구에 도움을 주며, 방조제 근처에 커다란 수상 태양광 발전소가 건설되어 대한민국에 깨끗하고 재생 가능한 전기를 제공해 준다고 이야기해요

삼각주 계획

- 건축 시기: 1954년~1997년
- 길이: 30km
- 재료: 강철과 콘크리트

네덜란드는 세계에서 땅이 가장 낮고 평평한 국가 중 하나예요. 이름 자체가 '낮은 국가'라는 뜻이죠. 네덜란드의 평균적인 해발 높이는 30미터이고, 해수면 아래로 7미터에 있는 주드플라스폴더라는 지역이 가장 낮은 지대예요. 따라서 기후 변화와 높아지는 해수면은 심각한 문제예요. 하지만 삼각주 계획이라고 불리는 하나로 이어지는 긴 바다 장벽이 북해의 끔찍한 폭풍 해일로부터 네덜란드를 보호해요.

공사는 1954년에 시작하여 수십 년 동안 계속되었어요. 바다 안에 긴 구조물을 세우기가 어려웠기 때문이죠. 가장 긴 부분은 '스켈트 폭풍 해일 장벽'이라고 불리는 댐이에요. 이 댐은 두 섬 사이에 5.6마일(9킬로미터) 뻗어 있어요. 이 댐은 네덜란드 남서부 저지대를 해일로부터 보호할 방파제, 배수구, 수문의 역할뿐 아니라 하나로 이어지는 바다의 긴 장벽 댐을 위한 주요 연결점 역할을 해요. 미국토목기술자학회는 바다로부터 네덜란드를 보호하는 거대한 바다 장벽인 삼각주 계획을 현대 세계의 7대 불가사의 중 하나라고 불러요.

더 라인

2021년에 재생 가능한 에너지 외에 아무것도 사용하지 않고 자연환경을 보존하면서 수백만 명의 사람을 위한 보금자리를 만들겠다는 특이한 건설 프로젝트가 사우디아라비아 사막에서 시작됐어요. 더 라인은 길이 180킬로미터, 너비 200미터 이하의 선형 도시가 될 수 있는 계획도시예요. 이 계획에는 사막을 가로질러 나란히 뻗어있는 두 개의 엄청나게 긴 건물이 필요해요. 건물 사이에는 외부 공간이 있어야 하고요. 도시에는 자동차가 지나다니지 않고, 거주민은 자신이 가야 하는 대부분 장소에 5분 또는 그보다 짧은 시간 안에 걸어서 도착할 수 있어요. 이보다 멀리 있는 곳으로는 지하철을 타고 갈 수 있고요. 일부 사람은 더 라인이 환경과 사우디아라비아의 경제에 도움이 되는 좋은 프로젝트라고 칭찬했어요. 하지만 비평가들은 이 프로젝트가 알후와이타트 원주민을 강제로 이주시키고 매년 사막을 가로질러 이동하는 새와 다른 야생 동물을 가로막는 장벽을 만들 수 있다고 항의해요.

장벽 혹은 다리?

인류가 장벽은 많이 짓지만, 다리는 충분히 짓지 않는다는 말이 있어요. 수천 년 동안의 인류 역사를 되돌아보면 그 말에 반박하기 어렵죠. 미래를 내다봐도 사람이 장벽 세우기를 그만두는 걸 상상하기가 어려워요. 장벽은 사람, 동물, 자연을 가로막는 데 너무 효율적이거든요. 하지만 역사는 장벽이 도움을 줄 수 있다는 것도 보여줬어요. 장벽은 우리를 보호해 주고, 우리에게 식량을 제공해 주고, 우리가 안전하게 지낼 수 있게 해주니까요. 장벽은 지구를 보호할 수도 있어요. 앞으로 수년, 수십 년 동안 인간이 모두를 보호하고 아무도 배제하지 않는 장벽을 짓는 선택을 내리길 바라봅니다.

낱말 정리

막사 - 군인이 생활하는 건물

기반암 - 부서지는 흙 아래 있는 단단한 돌

둔덕 - 강이나 수로 옆에 있는 납작하고 높은 둑

성경 - 구약과 신약 성경으로 구성된 기독교 성서

관료 체제 - 선출된 대표가 아니라 공무원이 운영하는 정부 시스템

가톨릭교도 - 로마 가톨릭교회의 일원

정전(停戰) - 전쟁 중인 양측 간 싸움을 멈추겠다는 합의

요새 - 도시를 보호하거나 통제하는 높은 곳의 성

공산주의자 - 모든 사람이 모든 물건을 소유하고 공유하는 정부 시스템을 따르는 사람

강제 수용소 - 정치범, 난민이나 소수집단의 일원을 가두고 종종 착취하거나, 처벌하거나, 심지어 목숨을 빼앗기도 하는 곳

정복자 - 정복하는 사람, 특히 16세기 멕시코와 페루를 정복한 스페인 사람

우주 철학적 - 우주의 기원 및 발달의 연구와 관련한 것

사막화 - 인간 활동과 변화하는 기후로 인해 식물이 죽는 현상

침식 - 바람, 물 등 자연의 힘으로 인해 땅과 기타 흙으로 된 물질이 닳거나 이동하는 과정

빈민 지역 - 대도시 교외 지역의 빈민가나 판자촌

내포(內浦) - 바다나 호수가 육지 안으로 휘어 들어간 부분

게릴라 전쟁 - 독립 부대의 구성원이 더 큰 규모의 전통적인 군대와 싸우기 위해 괴롭힘, 파괴 행위 및 기타 군사 전술을 사용하는 비정규전의 한 형태

이민 - 사람들이 다른 국가로 이동해서 그 국가의 영구적인 거주민 또는 시민이 되는 것

원주민 - 어떤 장소에 처음으로 정착했다고 알려진 사람

가마 - 여러 뜻이 있으나 여기서는 어떤 물질을 태우거나, 굽거나, 말리는 용광로 또는 오븐

코란 - 이슬람교에서 신성시하는 책. 이슬람교도는 코란을 알라 또는 신의 말씀이라고 믿는다.

라이다(LIDAR) - 전파 탐지기의 원리로 작동하지만, 레이저에서 나오는 빛을 활용하는 3차원 스캐닝 기술

이주자 - 한 곳에서 다른 곳으로 이동하는 사람. 특히 더 나은 일거리나 생활 환경을 찾기 위해 이동한다.

명 왕조 - 1368년에 주원장이 중국 강남(江南)에서 일어나 원(元) 왕조를 북쪽으로 몰아내고 세운 중국의 통일 왕조이고 1644년에 망하였다.

해자(垓字) - 공격을 방어하기 위해 마을이나 요새를 둘러싸고 있는 물이 찬 배수로

모르타르 - 돌, 벽돌 등의 구성물 사이에 바르는 부드러운 반죽. 단단해지면서 구성물이 붙어있도록 유지해 준다.

유목민 - 목축을 업으로 삼아 물과 풀을 따라 옮겨 다니며 사는 민족. 중앙아시아, 몽골, 사하라 등의 건조·사막 지대에 분포한다.

누미디아 - 북서부 아프리카에 있는 고대 왕국. 오늘날 알제리, 튀니지, 리비아, 모로코 일부로 구성돼 있다.

광학 연대 측정법 - 무기물 침전물이 마지막으로 햇빛에 노출된 시점이 언제였는지 알아내는 기법. 광여기 루미네선스(OSL) 측정법이라고도 알려져 있다.

말뚝 울타리 - 나무 또는 철 말뚝으로 만들어진 강력한 울타리

위도선 - 적도에 평행하게 지구의 표면을 남북으로 자른 가상의 선

포식자 - 자연 발생적으로 다른 동물을 먹이로 하는 동물

곶 - 바다 쪽으로 부리 모양으로 뾰족하게 뻗은 육지

신교도 - 로마 가톨릭교회와 분리되고 종교 개혁의 원리를 따르는 모든 서양의 기독교도

전파 탐지기 - 전파를 이용하여 물체를 탐지하고 거리를 측정하는 장치

방사성 탄소 측정법 - 탄소 기반 물질의 나이를 알아내는 방법

성곽 - 성이나 성곽 도시의 방어 장벽. 넓은 윗면에 통로와 돌로 된 난간이 있는 경우가 많다.

난민 - 전쟁, 박해, 자연 재해에서 벗어나기 위해 자신의 나라를 강제로 떠나야 하는 사람

루피 - 인도, 파키스탄, 스리랑카, 네팔, 모리셔스, 세이셸 제도의 기본 화폐 단위

포위 작전 - 적군이 마을이나 건물을 둘러싸며 필수적인 공급을 차단하는 군사 작전

실크 로드 - 기원전 2세기부터 15세기까지 동양과 서양을 연결했던 무역 도로망

천연두 - 열병과 고름을 유발하는 극심한 전염병. 보통은 영구적인 흉터를 남긴다. 1980년에 예방접종을 통해 사실상 근절했다.

밀반입 - 물건을 나라 안팎으로 법적 허가 없이 이동시키는 것

감시 - 밀착 관찰. 특히 미심쩍은 첩자나 범죄자에 대한 관찰을 일컫는다.

세금 - 노동자의 월급이나 사업 수익 중 정부에 내야 하는 것

토탄 - 풀과 그 풀의 뿌리를 포함한 땅의 표면층

망루 - 성의 장벽이나 건물의 모서리 또는 더 큰 탑 꼭대기에 있는 작은 탑

유네스코 세계 문화유산 보호 지역 - 문화적, 역사적, 과학적, 또는 다른 중요성이 있다며 유엔교육과학문화기구(UNESCO)에서 지정한 지역 또는 주요 지형지물

유엔 - 국제 평화와 안보를 유지하기 위한 세계 국가들의 조직

참전 용사 - 전쟁에 참여했던 사람

베트남 전쟁 - 베트남의 독립과 통일을 위하여 벌인 전쟁. 1960년에 결성된 남베트남 민족 해방 전선이 북베트남의 지원 아래 남베트남군 및 이들을 지원하는 미국군과 싸웠고 미군 철수 후 1975년에 남베트남 정부가 무너짐으로써 남북이 통일되었다.

출처

인쇄물

Finch, Dawn. Hadrian's Wall. Raintree, 2019.

Holdgrafer, Brad. Walls. Princeton Architectural Press, 2018. (역서: 『손에 손잡고 벽을 넘어요!』, 브래드 홀드그래퍼 지음, 이동준 번역)

Lin, Jillian. The Emperor Who Built the Great Wall. Jillian Lin Books, 2016.

Perkins, Mitali. Between Us and Abuela: A Family Story from the Border. Farrar, Straus and Giroux, 2019.

온라인 자료

아테네의 긴 장벽:
livius.org/articles/place/athens/athens-photos/athens-long-walls

베를린 장벽:
bbc.com/news/world-europe-50013048

브라질 빈민 지역:
weforum.org/agenda/2022/08/mit-favelas-brazil-lidar

델라웨어 하구의 살아있는 해안가 계획:
delawareestuary.org/science-and-research/living-shorelines

딩고 울타리:
smithsonianmag.com/smart-news/australias-dingo-proof-fence-changing-ecosystemoutback-180963273

두브로니크 장벽:
wallsofdubrovnik.com/history

우정 공원, 샌디에이고-티후아나:
friendshippark.org

아프리카의 녹색 장성:
thegreatgreenwall.org/about-great-green-wall

중국의 만리장성:
whc.unesco.org/en/list/438

고르간의 위대한 장벽:
whc.unesco.org/en/tentativelists/6199

인도의 만리장성:
atlasobscura.com/places/great-wall-india

위대한 짐바브웨:
education.nationalgeographic.org/resource/great-zimbabwe

한국 비무장 지대:
history.com/topics/korea/demilitarized-zone

쿠에랍:
perunorth.com/kuelap

루고 도시 장벽:
whc.unesco.org/en/list/987

마추픽추:
whc.unesco.org/en/list/274

마지노선:
history.com/topics/world-war-ii/maginot-line

모로코 서사하라 장벽:
atlasobscura.com/places/moroccan-wall-of-western-sahara

북아일랜드 평화의 장벽:
cbc.ca/radio/ideas/the-peace-walls-of-belfast-do-they-still-help-keepthe-peace-1.5262640

푸에블로 보니토:
sah-archipedia.org/buildings/NM-01-045-0056

퀘벡 도시 장벽:
quebec-cite.com/en/old-quebec-city/inside-quebec-citys-walls

삭사이우아만:
worldhistory.org/Sacsayhuaman

테오도시우스 장벽:
worldhistory.org/Theodosian_Walls

베트남 전쟁 기념비:
vvmf.org/about-the-wall/

바르샤바 게토:
theholocaustexplained.org/the-camps/the-warsaw-ghetto-a-case-study

외부 자료 링크는 오로지 개인적, 교육적 활용을 위한 것이며 명시적, 묵시적 보증 없이 선의로 제공됨. 개별 항목에 대한 정확성, 현재성은 보장되지 않음. 작가와 출판사는 독자에 대한 서비스로서 링크를 제공함. 이는 작가, 출판사가 이 링크를 통해 이용할 수 있는 내용을 보장한다는 의미가 아님.

감사의 말

　가장 먼저, 나의 아내 레베카에게 감사의 말을 전합니다. 레베카는 제가 기억할 수 있는 것보다 많은 여러 장벽을 오르내리고, 그 장벽에 돌을 던지고 주먹을 두드리고, 결국에는 그 장벽 주변을 저와 함께 걸어 다녔습니다. 사랑해, 베키. 나의 세 아들 로클랜, 벤지, 찰리에게도 감사의 말을 전합니다. 아이들은 작가인 저를 늘 지지해 주고 제가 쓰고 있는 글에 관심을 보여줬습니다. 이 책을 빌려 나의 어머니 베티께, 처음부터 어머니께서 해주신 모든 일에 감사드립니다. 여동생 길리안에게도 같은 마음을 전합니다. 길리안은 저보다 2년 반 늦게 태어났지만, 저보다 어린 사람에게 중요한 교훈을 얻을 수 있다는 많은 사실을 가르쳐주었습니다.
　캐나다방송협회의 동료와 친구에게도 감사의 말을 전하고 싶습니다. 캐나다방송협회 라디오의 저널리스트로 일할 수 있었던 것은 영광이었고, 제가 그들과 함께 일할 수 있는 것은 축복이었습니다. 이들은 다정하고 재미있을 뿐 아니라, 제게 새로운 무언가를 가르쳐줍니다. 매일 출근하면서 배우고 웃을 수 있는 저는 정말 행운아일 겁니다!

글 그레거 크레이기

그레거 크레이기는 라디오 저널리스트이자 작가예요. 수년간 캐나다방송협회에서 일했죠. 그 전에는 다양한 도시에서 일했어요. 영국 런던에 있을 때는 BBC 월드 서비스에서 아나운서로 일했고, CBS 라디오에서 리포터로 일하기도 했어요. 그가 쓴 책《On Borrowed Time》은 라이터스 트러스트 발실리 상 공공정책 부문과 빅토리아시 버틀러 도서상의 최종후보로 선정됐어요. 그가 쓴 다른 어린이 책으로는 《Why Humans Build Up》이 있어요. 저자는 지금 브리티시 컬럼비아주 빅토리아에 살고 있어요.

그림 아르덴 테일러

아르덴 테일러는 토론토에서 활동하는 프리랜서 일러스트레이터예요. 일러스트레이션 학사 학위를 받고 쉐리던 컬리지를 졸업한 그녀는 사람과 건축물의 알록달록한 일러스트레이션, 벽지나 기타 프로젝트 디자인을 디지털 방식으로 작업하는 걸 좋아해요. 그녀의 클라이언트 중에는 해즐릿 매거진과 캘리포니아 공과 대학이 있고, 그녀의 작품은 다양한 잡지, 신문, 광고 캠페인과 웹사이트에 실렸어요.

옮김 최영민

성균관대학교 글로벌경제학과를 졸업하고 삼성전자에서 근무했어요. 글밥아카데미 영어 출판번역 과정을 수료하고 현재 바른 번역 소속 전문번역가로 활동 중이에요. 옮긴 책으로는 《휴먼 클라우드》, 《뉴 스타트업 마인드셋》, 《7가지 코드》, 《커피 셀프 토크》, 《내가 그렇게 이상해?》, 《나의 작은 공》, 《일론 머스크》, 《노인과 바다》 등이 있어요.